Sergio Ramírez

VIVA SANDINO!

Leben und Tod des ersten lateinamerikanischen
Guerillaführers

Aus dem Spanischen von Gerda Schattenberg

Peter Hammer Verlag

Viva Sandino!

Taschenbuchausgabe gemeinsam herausgegeben
mit der Arbeitsgemeinschaft Dritte-Welt-Läden e.V.,
der GEPA (Gesellschaft zur Förderung
der Partnerschaft mit der Dritten Welt mbH)
und den Nicaragua-Solidaritätskomitees
in der Bundesrepublik Deutschland und West-Berlin

Die Ziffern am Fuß der zitierten Dokumente
verweisen auf das vom Autor Anfang der 70er Jahre
betreute Archiv zur Geschichte des
Sandino-Krieges.

Peter Hammer Taschenbuch 3

Korrigierter Nachdruck der Taschenbuchausgabe
3. Auflage 1984 (4. Auflage insgesamt)
© Peter Hammer Verlag GmbH, Wuppertal 1976
Alle Rechte vorbehalten
Umschlag: hammerteam
Druck und Bindung: Clausen & Bosse, Leck

CIP-Kurztitelaufnahme der Deutschen Bibliothek

Ramírez, Sergio: Viva Sandino!: Leben u. Tod d. l. lat.-amerikan.
Guerillaführers / Sergio Ramírez. Aus d. Span. von Gerda Schattenberg. –
Taschenbuchausg. / [gemeins. hrsg. mit d. Arbeitsgemeinschaft
Dritte-Welt-Läden e.V. ...], 4. Aufl., korrigierte Neuauflage. –
Wuppertal: Hammer, 1984.

(Peter Hammer-Taschenbuch; 3)
Einheitssacht.: Viva Sandino! ⟨dt.⟩
ISBN 3-87294-077-5

NE: GT

Inhalt

Einführung

I

An einem Nachmittag im Februar 1933 unterhielt sich General Augusto César Sandino mit einem baskischen Journalisten, der in sein Hauptquartier in den Segovianischen Bergen gekommen war, um mit ihm ein Interview zu machen, und kam dabei auch auf seine Träume zu sprechen:

»Ich sehe etwas, das ich noch niemals ausgesprochen habe ... in diesem ganzen Mittelamerika, in seinem unteren Teil ist es, als ob die Wasser des einen Ozeans in den anderen strömten ... Ich sehe Nicaragua von Wasser umgeben. Eine gewaltige Senke, die sich vom Pazifik erstreckt ... Hoch oben nur die Vulkane ... Es ist, als ob ein Meer sich in das andere entleerte ...«

Nicaragua war im Tertiär in der Tat noch nicht vom Grunde der Meere aufgestiegen, und die Wassermassen der beiden Ozeane flossen ineinander. Spätere Erdumwälzungen erst bewirkten die Herausbildung des mittelamerikanischen Isthmus, jener schwankenden Ausdehnung von Hochebenen und Talkesseln, vulkanischen Gebirgsketten und tropischen Küstenstrichen, unwegsamen Dschungelwäldern und reißenden Flüssen, die Pablo Neruda in dem Großen Gesang die pastorale Kehle von Amerika nennen sollte.

Präkolumbische Völker gelangten über die Jahrhunderte in ihren legendären Wanderungen zu dieser schmalen Brücke, die die beiden amerikanischen Kontinente verbindet. Sie begründeten dort hochentwickelte Zivilisationen und erbauten wie die Mayavölker ihre heiligen Städte, die heute in den Labyrinthen der Wälder begraben liegen. In den Niederungen der großen Seen von Nicaragua vermischten sich kurz vor der spanischen Konquista Völkerstämme aus dem Süden mit anderen aus dem Norden, wie sich auch Flora und Fauna beider Kontinente vermischten. Eine neue Vegetation, neue Blumen und Früchte, neue Tiere und Vögel vermehrten ihre Spezies auf jenem Landstreifen, der auch für das Heilige Buch des Quiché-Volkes, das Popol Vuh, erst entstand, als die Götter die Wasser teilten. Vorher:

»... zeigte sich nicht das Antlitz der Erde. Nur das ruhige Meer und der Himmel in ihrer ganzen Ausdehnung waren da. Nichts war beieinander, das Geräusche machte, noch etwas, das sich bewegte noch sich rührte, noch Geräusche am Himmel verursachte ...«

Im Herzen dieser Landenge zwischen dem Stillen und dem Atlantischen Ozean liegt Nicaragua. Das Land der nackten, hochaufragenden Vulkane mit ihren ewigen Rauchsäulen, in deren glühenden Kratergrund sich die gierigen und habsüchtigen spanischen Mönche stürzten in dem Glauben, daß flüssiges Gold sei, was dort zwischen den flammenden Felsen schwamm; das Land der riesigen Seen, welche die Konquistadoren staunend süße Meere nannten und die zusammen mit den Wasserläufen, die durch das Dschungeldickicht zum Meer hin strömten, einen natürlichen Durchgang für die Schiffahrt von einem Ozean zum anderen bildeten. Wenn die Spanier des 16. Jahrhunderts sehnsüchtig nach der legendären Stadt aus reinem Gold, die sie »El Dorado« nannten, suchten, so wollten sie in Nicaragua von Anfang an jenen interozeanischen Durchgang auf ihren Karten festlegen, den sie in ihren Briefen und Berichten als den »Estrecho Dudoso« bezeichneten.

Nicaragua, das Paradies Mahomets, wie es ein weitgereister irischer Geistlicher, Thomas Gage, im 17. Jahrhundert nannte, das Land der Erdbeben und der Überschwemmungen, der Fruchtbarkeit und des Grüns, hat eine Geschichte, die immer durch Invasionen und Plünderungen, Belagerungen und Grausamkeiten gekennzeichnet war. Oft bestimmen sie die Chronik des »Estrecho Dudoso«: Ortschaften hörten auf zu existieren, da sie von englischen oder holländischen Piraten zerstört wurden, die die Häuser in Brand steckten und ihre Einwohner töteten; oder die Seeschlachten der englischen Armada mit Spanien um den interozeanischen Durchgang, in deren Verlauf sie die ganze mittelamerikanische Atlantikküste unter ihre Kontrolle bringen konnte.

Eine Spanierin mit Namen Rafaela Herrera verteidigte im 18. Jahrhundert die Festung am Río San Juan vor dem Ansturm der englischen Fregatten, indem sie selbst die Lunten der Kanonen zündete, als sie für ihren alten Vater, der das Fort befehligt hatte und wenige Stunden zuvor getötet worden war, das Kommando über das Fort übernahm. Sie ließ alkoholgetränkte Laken über das Gestrüpp am Flußufer spannen, damit sie in der Dunkelheit der Nacht die feindlichen Schiffe beleuchteten.

Das sollte nur die erste Tat sein, eine der frühesten in der langen Kette des Heldentums, die zum Kampf von General Sandino führte. Sie wurden im 19. Jahrhundert immer zahlreicher, als die imperialistische Expansion des Kapitalismus nach schnelleren und ökonomischeren Transportwegen suchte, um die Bodenschätze und die pflanzlichen Produkte aus den peripheren oder kolonialen Ländern, in denen er auch seine Manufakturen errichtete, auf dem Seewege zu transportieren. Es besteht der Plan, einen Kanal zu bauen, mit Baggern auszuheben, was noch an diesem »Estrecho Dudoso« fehlte.

Das Karibische Meer, das die Küsten der Antillen und der Länder Mittelamerikas umspült und mit seinem smaragdgrünen Wasser einem Mittelmeer gleicht, sollte sich in das *mare nostrum* Englands verwandeln, das in dieser Zeit seine Herrschaft in der Welt ausdehnte, wie es später das *mare nostrum* der Vereinigten Staaten werden sollte.

Als die fünf Länder, die während der spanischen Kolonialherrschaft das »Reino de Guatemala« bildeten, am 15. September 1821 ihre Unabhängigkeit ausriefen, beschlossen sie, sich an das Kaiserreich von Iturbide in Mexiko anzuschließen. Aber das war ein so flüchtiger Staatenbund, daß sie wenig später die Föderative Republik Mittelamerika gründeten, die sich unter dem Einfluß der liberalen Caudillos an den politischen Ideen der französischen Aufklärung orientierte und sich die Verfassung der Vereinigten Staaten zum Vorbild nahm. Bald begann eine Reihe von blutigen Bürgerkriegen, und die Föderative Republik sollte nur sehr kurzlebig sein. Der Klerus und die Latifundisten, die Erben der Kolonialherrschaft, übernahmen, nachdem sie General Francisco Morazán, der jene liberalen Ideale verkörperte, erschießen ließen, erneut die Macht im Lande. Es folgten lange dunkle Zeiten der Diktatur, in denen sie die Föderative Republik wieder in kleine unabhängige Staaten zerstückelten, die, arm und ausgeblutet von den Kriegen, losgelöst voneinander und einander entfremdet, zu vergessenen Balkanländern Amerikas wurden.

Nicaragua ist eines der Länder, das am meisten durch die Bürgerkriege nach seiner Unabhängigkeitserklärung zu leiden hatte. Die Spanier hatten hier zwei bedeutende Städte gegründet: Granada am Ufer des Gran Lago, durch den Río San Juan mit dem Atlantik verbunden, und León, das zunächst in unmittelbarer Nähe des Lago Xolotlán lag, nach einer Reihe von Vulkanausbrüchen aber dann weiter in die warmen Küstenstriche des Pazifik vorgeschoben wurde. León war mit dem Meer durch den Hafen von Realejo verbunden. Beide Städte führten ein selbständiges wirtschaftliches Leben und hatten nur wenig Verbindung untereinander. Sie betrieben auch ihren Handel mit den anderen amerikanischen Provinzen der Krone unabhängig voneinander. Und jede übte die politische Kontrolle über die landwirtschaftlichen Gebiete aus, die in ihrem Bereich lagen. Damit war eine zugleich ökonomische und politische Teilung des Landes gegeben: Granada beherrschte den östlichen, León den westlichen Teil des Landes.

Granada, über dessen Hafen das Gold und Silber aus Mittelamerika sowie der Kakao, das Indigo und der Purpur zum Export verschifft wurden, blühte sehr schnell auf. Eine Schicht reicher Händler und Plantagenbesitzer bildete sich heraus, die sich nach der Unabhängigkeit auf die Seite des Klerus stellte und die liberalen Bestrebungen der Leoneser Fraktion torpedierte. Die Leoneser Fraktion, die sich aus mittleren Grundbesitzern, aber auch aus Handwerkern und den wenigen Gebildeten jener Zeit zusammensetzte, welche aus dem Colegio Mayor Tridentino hervorgingen, das seit der Kolonialzeit in León bestand und 1812 zur Universität, der einzigen des Landes, aufrückte.

Mit dem Auseinanderfall der Mittelamerikanischen Föderation wollten daher beide Städte, die in Fehde lagen und über eine regionale Autonomie verfügten, den Status der Hauptstadt für sich in Anspruch nehmen, das heißt, beide wollten etwas repräsentieren, das sie Nation nannten, das sich aber durch keine festen Umrisse bestimmen ließ. Die Republik Nicaragua war nichts anderes als eine unbekannte und unerforschte territoriale Ausdehnung, in der es wenig bebautes Land gab, eine zahlenmäßig geringe und rechtlose Landbevölkerung aus Mestizen, die in kleinen, weit auseinander liegenden Ansiedlungen verstreut lebten. Die Latifundisten und die Händler selbst hatten sich zur Nation erklärt und zogen in die Machtkämpfe der Bürgerkriege die Bauern mit hinein, ließen sie unter ihren Fahnen für nichts und wieder nichts kämpfen und sterben. 1854 begannen die konservative Partei der Granadiner, die sogenannte legitimistische Partei, und die liberale Partei der Leoneser, die demokratische, einen neuen Krieg, dessen Folgen alle anderen an Bitternis und Tragik übertraf.

Zwar verstärkte sich die imperialistische britische Expansion im 19. Jahrhundert, aber auch die ökonomische Macht der Vereinigten Staaten begann sich zu festigen. Diese richteten ihr Augenmerk sofort auf den amerikanischen Subkontinent. Zum Schutz dieses Jagdgeheges proklamierte Präsident James Monroe 1823 seine berühmte Doktrin »America for the Americans«.

Dieser Hegemonieanspruch der Vereinigten Staaten, der zur Annexion großer Teile mexikanischen Territoriums und später zum Krieg mit Spanien um den Besitz Kubas führte, beinhaltete als integralen Bestandteil den Bau eines interozeanischen Kanals quer durch Nicaragua. England trat dieses Recht 1850 im Vertrag Clayton–Bulwer an die Vereinigten Staaten ab, ohne daß natürlich die Regierung Nicaraguas je bei solchen Übereinkünften hinzugezogen worden wäre.

Zwei Jahre zuvor geschah jedoch etwas, das tiefgreifende Folgen auf das schon international im Kanalprojekt vorgesehene Territorium Nicaraguas haben sollte: 1848 wurde in Kalifornien Gold entdeckt, in dem Gebiet, das die Vereinigten Staaten nach dem Krieg gegen Mexiko als Kriegsbeute annektiert hatten. Abenteurer, Händler, Geschäftsleute, Glückssucher, Einwanderer strömten aus den nordamerikanischen Städten des Ostens nach Kalifornien, nach San Francisco, das bald von Menschen nur so wimmelte. Die Durchquerung der Wüsten und Prärien war gefährlich, noch immer war der far west *terra incognita,* das Gebiet feindlicher Indianer, die in jedem Moment die Karawanen überfallen konnten. Zu Schiff aber mußte man die Magellanstraße im äußersten Süden von Amerika umsegeln, in einer nicht endenwollenden und ermüdenden Reise, oder aber man konnte sich bis nach Panama einschiffen, doch auf der Strecke, die dann zu Land zurückgelegt werden mußte, um von einem Ozean zum anderen zu gelangen, erwarteten einen der Dschungel, die Sümpfe und das Fieber.

1849 erteilte die Regierung Nicaraguas dem Kommodore Cornelius Vanderbilt, eine der raffgierigen und skrupellosen Figuren aus der Ahnengalerie des Kapitalismus, eine Konzession für seine Gesellschaft *The Accesory Transit Company* zur Durchquerung des nicaraguanischen Territoriums; seine Schiffe brachten jetzt die Passagiere von New York bis zum Hafen San Juan del Norte an der Atlantikmündung des Río San Juan, sie wurden auf Flußdampfern durch den Río San Juan und den Gran Lago weiter transportiert, und die wenigen Meilen zu Land bis zum Hafen von La Virgen am Pazifik wurden in Reisewagen zurückgelegt. Von dort ging es weiter per Schiff nach Kalifornien. Alles in allem eine schnelle und vor allen Dingen billige Reise. Vanderbilt verdiente in wenigen Jahren Millionen von Dollar. Das kleine Fischerdorf San Juan del Norte füllt sich mit Fremden, Hotels werden errichtet, Handelsbüros, Banken, Konsulate schießen wie Pilze aus dem Boden, Gasbeleutung wird instaliert, eine lebhafte und geschäftige Stadt entsteht da plötzlich mitten im Urwald mit viktorianischen Gebäuden und Marmortreppen, mit Asphaltstraßen, Boulevards und Reisewagen, und wird Jahre später wieder vom Urwald verschlungen. Die Reisewagen des Kommodore waren in den Farben blau und weiß, der Flagge Nicaraguas, gehalten.

Vanderbilt beschließt in dem Gefühl, reich zu sein wie kaum ein anderer auf der Welt, seinen Reichtum in großem Stil zu genießen, und läßt sich eine Jacht bauen, die er *The White Star* tauft und auf der er zu einer großartigen Kreuzfahrt durch das Mittelmeer aufbricht, um der europäischen Aristokratie an Bord seiner Jacht Feste zu geben. Aber nicht nur schenkt niemand diesen üppigen Festen Aufmerksamkeit, denn der Kommodore ist in den Augen der Grafen und Herzöge nichts weiter als ein »Neureicher«, sondern er sieht sich bei seiner Rückkehr vor die Tatsache gestellt, daß seine Soziusse Morgan und Garrison durch den Aufkauf aller Aktien die Kontrolle der Gesellschaft in ihre Hände manövriert hatten.

Vanderbilt ist nicht der Mann, der klein beigibt. Sein einziger Wille ist jetzt, beide zu ruinieren. Er entfernt die Gardinen, Möbel und Teppiche, die Bilder und das Porzellan aus seinem *White Star*, verwandelt ihn in ein Passagierschiff und befährt die Panama-Route zu noch geringeren Fahrpreisen. Ein gnadenloser Kampf um die Vorherrschaft über die Reisewege nach Kalifornien setzt ein, ein Kampf, der dem Bürgerkrieg in Nicaragua, der 1854 begonnen hat, neue Nahrung gibt und ihn in einen mittelamerikanischen Krieg verwandelt.

Die Liberalen von León erklären die konservative Regierung von Frutos Chamorro in Granada für abgesetzt und beschließen nach dem offenen Ausbruch der Feindseligkeiten, eine Phalanx nordamerikanischer Söldner anzuheuern, um Chamorro zu stürzen. Ein Abenteurer aus den Südstaaten, Byron Cole, der später sein Leben lassen sollte, als er vom Schlachtfeld zu fliehen versuchte und Bauern ihn an einem Baum aufhängten, geht den Vertrag mit den Leonesern ein und rekrutiert in New Orleans ein Piratenheer, das von William Walker kommandiert wird. Die Schiffahrtsunternehmer Morgan und Garrison finanzieren den Kauf von Waffen, Munition und Lebensmitteln.

Walker, ein typischer Mann aus dem Süden, ein Militär aus Instinkt und ein Verfechter der expansionistischen Politik der nordamerikanischen Sklavenhalterstaaten, hatte wenige Jahre zuvor bei einem

Annexionsfeldzug, in dem versucht wurde, das mexikanische Territorium Südkaliforniens in die Vereinigten Staaten einzugliedern, eine Niederlage erlitten. Er war Arzt und Rechtsanwalt und verwandte eine wissenschaftliche Sprache, um die Sklaverei als einen notwendigen Faktor für den Fortschritt zu verteidigen. Im Juni 1855 landet er mit seiner Phalanx in Nicaragua und wird von der liberalen Regierung in León mit Jubel empfangen. Er rüstet sich auch sogleich, im Rang eines Generals, in den man ihn erhoben hat, den Ort Rivas einzunehmen, aber es gelingt ihm nicht. Dann aber stürmt er in einem Überraschungsangriff Granada, und jetzt überstürzen sich die Ereignisse. Politiker werden erschossen, die Reihen der Phalanx werden immer zahlreicher, denn Monat um Monat kommen die Schiffe vollbeladen mit Söldnern, und so ruft Walker sich bereits im Juli 1856 zum Präsidenten von Nicaragua aus, erklärt die englische Sprache zur offiziellen Landessprache und verfügt im September 1856 die Wiedereinführung der Sklaverei. In seinen Memoiren heißt es:

»Die Einführung der Negersklaverei in Nicaragua würde ständige und sichere Arbeitskräfte für den Anbau tropischer Früchte zur Verfügung stellen. Der weiße Mensch würde dort ansässig werden, wenn er den schwarzen Sklaven zur Seite hätte, und beide zusammen würden die Macht der Mestizenrasse, die den Untergang des Landes bedeutet, zunichte machen. Der reine Indio würde sich nach nicht langer Zeit der neuen sozialen Ordnung anpassen.«

Und als Kernpunkt seines Eroberungsfeldzuges erklärt er die Konzession, die Vanderbilt gewährt worden war, für null und nichtig und unterzeichnet im Februar 1856 eine neue Konzession für Morgan und Garrison.

Auf den Standarten der Bataillone der Piratenphalanx stand ein lapidarer Satz: *Five or none.* Für Walker war das nicaraguanische Abenteuer nichts anderes als der Auftakt zur Eroberung ganz Mittelamerikas – seiner »fünf Länder oder gar keines« –, denn sein Ziel war die Bildung einer Sklavenföderation der Südstaaten.

Jetzt schlossen sich die mittelamerikanischen Länder über alle alten Streitigkeiten hinweg zusammen und vereinigten ihre Heere zu einem großen Feldzug, um den Eindringling zu verjagen. Vanderbilt, der seine eigenen Interessen zu verteidigen hatte, und die englische Regierung, die ihr Augenmerk ja schon seit langem auf den Kanal gerichtet hatte, gaben ebenfalls Geld und Waffen zur Unterstützung dieses Krieges, der eine großartige Befreiungsaktion werden sollte. Denn kaum sechs Monate, nachdem sich Walker zum Präsidenten von Nicaragua ausgerufen hatte, war die Piratenphalanx geschlagen, trotz der immer wieder aufbrechenden inneren Rivalitäten und des Cholerafiebers, das die Heere dezimierte: Im April 1857 siegten die Mittelamerikaner in der zweiten Schlacht von Rivas, und Walker kehrte unter dem Schutz der Vereinigten Staaten in sein Land zurück.

Hunderte von Mittelamerikanern ließen ihr Leben in diesen Kämpfen, die in vieler Hinsicht über das Überleben Nicaraguas entschieden. Walker hatte viele Männer ermorden lassen, ganze Ortschaften in Schutt und Asche gelegt. Als er im Dezember 1856 aus Granada abzog, hatte sein Befehlshaber die Stadt in Brand gesetzt und mitten in den rauchenden Ruinen die höhnische Aufschrift anbringen lassen: *Here was Granada.* Der Präsident der Vereinigten Staaten, Pierce, hatte einst die Regierung Walkers anerkannt und seinen Botschafter empfangen, und als Walker jetzt geschlagen nach New York zurückkehrte, wurde er in der Presse wie ein Held gefeiert.

Dieser Beifall und die unverminderte Unterstützung von seiten der Schiffahrtsunternehmer regten Walker zu neuen Eroberungszügen an. 1860 wurde er bei einem Landungsversuch an der Nordküste von Honduras überrascht, von einem Standgericht zum Tode verurteilt und in der Stadt Trujillo erschossen.

Dieser Krieg, der Mittelamerika aufrieb, schmiedete neue Glieder in der Kette der heldenmütigen Taten, die uns zu Sandino führen. Eine kleine Schar Soldaten, nicaraguanische Bauern, schlägt die Piraten bei der Verteidigung der Hazienda San Jacinto im September 1856 in die Flucht; ein Soldat mit Namen Andrés Castro bewaffnet sich, da er kein Gewehr besitzt, mit einem Stein, springt aus dem Schützengraben und streckt damit einen Nordamerikaner nieder. Und ein Lehrer aus Nicaragua und ein Trommler aus Costa Rica, fast ein Kind noch, laufen wiederholt mit einer brennenden Fackel in der Hand unter den feindlichen Kugeln hindurch und stecken die Stellungen der Falangisten in Brand. Sie waren Männer aus dem Volk, der Lehrer hieß Emmanuel Mongalo, der Trommler Juan Santamaría. Es war das gleiche Blut von Bauern und Handwerkern, das später in den Adern der Soldaten im Heer von Sandino fließen sollte.

II

Die streitenden Parteien in Nicaragua unterschrieben einen Friedensvertrag. Es folgte eine lange Zeit der Waffenruhe, in der fast dreißig Jahre die konservativen Familien von Granada das Land regierten. Diese Zeit fiel mit der Waffenruhe zusammen, die die kapitalistischen Länder hinsichtlich des Kanals einhielten, denn in den Vereinigten Staaten herrschten die Sezessionskriege, und England führte seine Kolonialkriege in Afrika. Das Kanalprojekt ruhte all diese Jahre über, in denen es zwar keine Kriege gab, aber sich auch nichts in Nicaragua veränderte. Eine patriarchalische Regierung herrschte über das Land, als handelte es sich um eine Viehwirtschaft.

Nach der Niederschlagung der Pariser Commune 1871 machte der expansive Kapitalismus einen neuen Vorstoß, der stärker als je zuvor die peripheren Länder wie die mittelamerikanischen in die Rolle von Rohstofflieferanten für die Industrien der Metropolen abdrängte. Dieser neuen Ordnung der Welt zufolge wird Mittelamerika zuerst Kaffee- und dann Bananenexporteur. Der Kaffeeanbau hat zur Folge, daß das Land in den Händen einiger weniger konzentriert wird und daß eine große Zahl von Arbeitskräften erforderlich ist. Das gibt den liberalen Gruppen die Gelegenheit, die konservativen Regierungen mit Hilfe der Militärs zu stürzen und die Ländereien der Kirche zu enteignen.

Jetzt beginnt, zuerst 1872 in Guatemala, eine Regierungszeit liberal eingestellter Kaffeeplantagenbesitzer. Die große Welle der Veränderungen, die in Nicaragua allerdings erst viel später einsetzte, bewirkte 1893 den Sturz der Konservativen in Granada und die Errichtung einer liberalen Militärdiktatur unter General José Santos Zelaya.

Auf der anderen Seite nehmen nordamerikanische Gesellschaften wie die United Fruit Company, die bereits zu Beginn des 20. Jahrhunderts Bananen gepflanzt, exportiert und auf dem Weltmarkt gehandelt hat, riesige Flächen Landes in ihren Besitz. Die Niederlassungen der Bananengesellschaften verwandeln sich in Guatemala, Honduras und Costa Rica geradezu in selbständige Staaten, die ihre eigenen Gesetze, Städte, Polizeitruppen, Geschäfte und ihre eigene Währung haben, während die Länder selbst nur einen minimalen Anteil an den Gewinnen haben und am Rande dieser Imperien bleiben.

General Zelaya regiert Nicaragua sechzehn Jahre. Während seiner Amtszeit wechseln sich blutige Kämpfe gegen politische Feinde und einige fortschrittliche Maßnahmen ab. Niemals gab Zelaya die Hoffnung auf, daß eine Weltmacht den Bau des Kanals in Angriff nehmen würde, denn er glaubte getreu den Vorstellungen jener Zeit, daß der Fortschritt eine Hervorbringung des expansiven Kapitalismus sei, daß der Kanal die Quelle des Reichtums für das Land bedeuten würde.

Gerade zu diesem Zeitpunkt treten die USA in ihrer Rolle als imperialistische Macht in eine neue Etappe ein, und die Losung *America for the Americans* erfährt eine andere Auslegung. Die USA haben den Krieg mit Spanien um die Macht über Kuba gewonnen, und Präsident Theodore Roosevelt bringt die Landenge von Panama gewaltsam in amerikanischen Besitz, indem er dieses Gebiet vom kolumbianischen Territorium abtrennt und auf diese Weise den Kanalbau sichert. Die Monroe-Doktrin hat sich in die des *big stick* verwandelt: Haiti, Santo Domingo, Kuba, Honduras, Mexiko und Nicaragua werden militärisch besetzt.

Als Zelaya von der Entscheidung Roosevelts über Panama Kenntnis erhält, wendet er sich an einige europäische Staaten, darunter auch an Deutschland, um mit ihnen über eine Kanalkonzession zu verhandeln. Sein Sturz 1909 und die unmittelbar darauffolgende Besetzung Nicaraguas durch die US-Kriegsmarine sind wohl vor allem auf diese Unterhaltungen zurückzuführen, aber auch auf seine feindselige Haltung gegenüber den Vereinigten Staaten, die ihn in das Feuer der frisch verkündeten Doktrin der *dollar diplomacy* geraten läßt, nach der das State Departement zu einem Gewährsmann der Bankiers und Finanzleute bei ihrem Geschäften mit Anleihen und Hypotheken wird. Es werden folgsame Regierungen im karibischen Raum gebraucht, andernfalls stehen die *marines* stets als ihre Polizei zur Verfügung und wachen auch darüber, daß der Friede in den Enklaven der Bananengesellschaften nicht gestört wird. Von nun an gehören die Länder Mittelamerikas der *United Fruit Company* und der *Baccaro Brothers & Co*, die Präsidenten absetzen, Abgeordnete kaufen, Gesetze für ungültig erklären oder neue erlassen und Kriege führen. Sie sind jetzt die *banana republics*.

Ende 1909 erheben sich die Konservativen mit der offenen Unterstützung des State Departements an der Atlantikküste, einer Gegend undurchdringlicher Dschungelwälder, die glänzend für Revolten geeignet ist, gegen Zelaya. Die *Rosario and Light Mines Com-*

pany, eine im Land ansässige nordamerikanische Bergwerksgesell-
schaft der Familie Buchanan, von der Zelaya ausstehende Steuerzahlungen eingefordert hatte, finanziert das Heer der Konservativen.
Zwei Nordamerikaner, die Söldner in den Reihen des konservativen
Heeres waren, werden von den Regierungstruppen erschossen. Das
gibt Staatssekretär Mr. Philander C. Knox, der Rechtsanwalt der
Rosario & Light Mines Company und Berater der Familie Buchanan
ist, den willkommenen Anlaß, Zelaya in einer diplomatischen Note
vom 9. Dezember 1909 für abgesetzt zu erklären. Vierundzwanzig
Stunden später erfolgt sein Rücktritt, denn in dem Machtspiel der
Vereinigten Staaten im karibischen Raum kam eine solche Mitteilung der Absetzung gleich. Die Präsidentschaft geht in die Hände
des Doktor José Madriz über, der sich aber nicht an der Macht halten kann, denn die US-Kriegsschiffe patrouillieren vor den Küsten
Nicaraguas, bringen den Konservativen Waffen und halten die vor-
rückenden Regierungstruppen auf, indem sie die von den Konservativen besetzten Gebiete zu »neutralen Zonen« erklären und sie
ermächtigen, Zollgebühren zu erheben.

Die Generäle der konservativen Partei ziehen in Managua ein und
bilden im Einverständnis mit den Vereinigten Staaten eine Regierung, an deren Spitze bald der Hauptbuchhalter der *Rosario
& Light Mines Company*, Adolfo Díaz, stehen sollte.

Mister Knox entsendet daraufhin einen der Anwälte seiner Gesellschaft, Mister Dawson, nach Nicaragua, um der konservativen Regierung eine Reihe von Bedingungen aufzuerlegen, die unter dem
Namen »Dawson-Verträge« bekannt geworden sind: Aufnahme
von Anleihen zur »Rettung der finanziellen Lage des Landes« ausschließlich bei nordamerikanischen Banken; keine Vergabe von
Konzessionen, einschließlich der Kanalrechte natürlich, an andere
Staaten; Hinweise, wie die neue Regierung auszusehen habe.

Nicaragua wurde in kürzester Zeit – und so wird es in den internationalen Finanzkreisen bekannt – die *Brown Brothers Republic*,
denn diese Gesellschaft teilte sich gemeinsam mit der *J & W Selig-
man, U.S. Morgage Trust Company* und anderen Gesellschaften wie
im Evangelium die Bodenschätze und Reichtümer des Landes: Sie
nahmen seine Eisenbahn in ihre Verwaltung, kassierten die Zoll-
einnahmen, nahmen die Banken und die Bergwerke in ihren Besitz.
1912 eilte die Kriegsmarine auf den Hilferuf des »Hauptbuchhal-
ters« unverzüglich herbei, als er Gefahr lief, von einem seiner früheren Verbündeten gestürzt zu werden. Sie bombardierte die

Stadt Masaya, und die Marines selbst nahmen an diesem Kampf teil. Sie verhafteten den Anführer der Aufständischen und warfen ihn in ein Gefängnis in der Panamakanalzone. Jetzt erhebt sich ein anderer Mann aus dem Volk zum Nationalhelden: General Benjamín Zeledón, der »Indio Zeledón«, ergibt sich den Okkupationstruppen nicht. Er wird von ihnen gejagt und ermordet und sein Körper auf dem Rücken eines Pferdes zur Schau getragen.

Seitdem behielten die nordamerikanischen Okkupationstruppen das Land unter ihrer Kontrolle, beschützten mit ihren Bajonetten die konservativen Regierungen, die bis 1928 von einem Familienmitglied auf das andere übergehen und weiter gehorsam das Land den ausländischen Interessen ausliefern. Sie stürzen es in Schulden und verpfänden immer mehr nationale Reichtümer. Der Höhepunkt war 1914 erreicht, als General Emiliano Chamorro, Botschafter des Präsidenten Adolfo Díaz in Washington, mit Staatssekretär Mr. Jennis Bryan einen Vertrag unterzeichnete, der die Rechte über den Bau des interozeanischen Kanals der Regierung der Vereinigten Staaten übertrug, ihr die Souveränität über die erforderliche Fläche überließ und das Recht, Schiffsbasen im Golf von Fonseca und auf den Islas de Maíz zu errichten:

»Die Regierung der Vereinigten Staaten hat das Recht, die Pacht und die Konzessionen nach Ablauf der jeweiligen Frist für einen weiteren Zeitraum von neunundneunzig Jahren zu verlängern. Dabei ist ausdrücklich vereinbart, daß das Territorium, das hiermit in Pacht genommen wird, und die Schiffsbase, die kraft obengenannter Konzession errichtet werden kann, ausschließlich den Gesetzen und der Souveränität der Vereinigten Staaten unterliegen«, heißt es in diesem Vertrag, der die Souveränität eines Landes verkauft. Dafür erhielt die Regierung drei Millionen Dollar, die sofort an die Bankiers überwiesen wurden, um alte Schulden abzuzahlen. Es war ein Handel von so beschämender Traurigkeit, daß ihn sogar der US-Kongreß jahrelang nicht ratifizieren wollte.

Die Vereinigten Staaten hatten mit diesem Vertrag nicht so sehr eine Konzession für den Bau eines Kanals erhalten, sondern vielmehr die Garantie, daß er von niemandem gebaut wird. Denn der Panamakanal war im gleichen Jahr beendet worden, und darum waren sie nicht an einem neuen Unternehmen interessiert, das weitere Millionen Dollar verschlingen würde. Díaz und Chamorro regierten in Nicaragua, um dieses Vorzugsrecht zu garantieren, und die Kriegsmarine war im Land, um jene zu garantieren.

1923 stirbt plötzlich einer der Präsidenten aus dem Familienclan, und die Präsidentschaft geht auf Don Bartolomé Martínez über, den ersten der konservativen Präsidenten, der nicht seiner Herkunft nach zur Oligarchie gehörte und darum einen gewissen Handlungsspielraum hatte. Die Überraschungen, die dieser unbekannte Politiker bereiten sollte, waren denn auch nicht wenige: Er tilgte nicht nur einen großen Teil der Schulden bei den nordamerikanischen Bankiers, kaufte die Aktien der Nationalbank auf und verstaatlichte sie, sondern bemühte sich auch für die Wahlen, die 1925 stattfinden sollten, um eine Koalition mit den Liberalen gegen die konservative Oligarchie. Denn nach diesen Wahlen hatten die Vereinigten Staaten angekündigt, ihre Truppen abzuziehen.

Die US-Kriegsmarine hatte sich nach all den Jahren, die sie schon im Land war, bei der Bevölkerung verhaßt gemacht. Die Zusammenstöße zwischen Marines und Nicaraguanern häuften sich in den Straßen. Einmal stürmten die Marines sogar das Büro einer Zeitung, weil sie abfällig über ihre Anwesenheit im Land geschrieben hatte. Und da der Vertrag Bryan–Chamorro den Nicht-Bau des Kanals garantierte, wird jetzt auch ihre Anwesenheit nicht mehr als so unbedingt erforderlich betrachtet.

Die Koalition unter Führung von Präsident Martínez gewinnt 1925 die Wahlen. Präsident wird Carlos Solórzano, ein Konservativer. Zu seinem Vizepräsidenten macht er Dr. Juan Bautista Sacasa, einen Angehörigen der liberalen Leoneser Oligarchie. General Emiliano Chamorro, dem die Nordamerikaner einst zur Präsidentschaft verholfen hatten, als er den Kanalvertrag unterschrieb, hatte eine Niederlage erlitten. Doch gab sich Chamorro, der ein militärischer Caudillo und von großem Ehrgeiz getrieben war, nicht geschlagen, zumal er sich noch immer in der Gunst des State Department wußte. Die Vereinigten Staaten jedoch billigten die Wahl Solórzanos und Sacasas. Sacasa hatte in den USA studiert, und Solórzano war ein unscheinbarer und einfältiger Mann, der Furcht hatte, allein das Land zu regieren, und darum die Marines inständigst bat, nicht abzuziehen, wie sie es angekündigt hatten.

Im August 1925 verließen die Marines Nicaragua und beendeten damit die zweite Periode der Okkupation die das Land durchzumachen hatte. Aber sie verließen es nur, um nach wenigen Monaten zurückzukommen.

Die Regierung Solórzanos glich den vielen anderen, die das Land zuvor beherrscht hatten, doch die Mißstände mehrten sich mit seiner eigenen Apathie und Schwäche und mit der allgemeinen Korruption, die unter den Mitgliedern seiner Familie herrschte. Freilich beschloß Chamorro nicht aus diesen Gründen, ihn zu stürzen. Im Oktober 1925 besetzte er alle Garnisonen des Landes, und im Januar 1926 ließ er sich von der Nationalversammlung zum Präsidenten ausrufen. Allerdings ging seine Rechnung, den Segen der Yankees zu erhalten, ohne den er sich nicht an der Macht halten konnte, durch einen technischen Fehler nicht auf. Die USA hatten vor Jahren mit den mittelamerikanischen Staaten einen Vertrag »für Frieden und Freundschaft« abgeschlossen, und eine seiner wichtigsten Klauseln war, keine Regierung anzuerkennen, die durch einen Staatsstreich an die Macht gekommen war. Nicaraguas Liberale fordern, daß laut Verfassung des Landes die Präsidentschaft nach dem Sturz Solórzanos an Dr. Sacasa überzugehen habe. Um dieser Forderung Nachdruck zu verleihen, landen an dem immer gleichen Ort, der Atlantikküste, erste aufständische Truppen, die schnell von US-Kriegsschiffen eingekreist werden. Im Mai 1926 wird das ganze Landungsgebiet, die Stadt Bluefields, zur »neutralen Zone« erklärt und werden Truppen stationiert, »um das Leben gefährdeter Nordamerikaner zu schützen«.

Da es nur allzu offenkundig gewesen wäre, wenn das State Department über den Vertrag »für Frieden und Freundschaft« hinweg die Regierung seines alten und getreuen Dieners Chamorro anerkannt hätte, läuft das Kriegsschiff *The Denver* im Hafen von Corinto ein. Dort finden sich im Oktober 1926 Vertreter der beiden Parteien zu Friedensgesprächen ein, die zu keinem Ergebnis führen. Im Dezember richten die Liberalen mit Hilfe von Geld, Waffen und Schiffen der mexikanischen Regierung ihre Regierung mit Solórzano an der Spitze in Puerto Cabezas an der Atlantikküste ein. Ihr Kriegsminister und Oberkommandierender des Heeres war eine weitere verhängnisvolle Figur in der Ahnengalerie nicaraguanischer Politiker: General José María Moncada.

Die Männer, die die Geschicke Nicaraguas von Washington aus lenken, haben – trotz ihrer Vorliebe für Chamorro – keine andere Wahl, als ihn im gleichen Monat Dezember, in dem der Bürgerkrieg ausbricht, von seinem Posten abzuberufen. Sie schicken ihn als Botschafter nach Europa und lassen an seiner Statt – welche Überraschung – den »Hauptbuchhalter« Adolfo Díaz zum Präsidenten ausrufen, der weder jetzt noch irgendwann Skrupel empfand, einfach, weil er keine Skrupel kannte.

Die Hilfe, die Mexiko den aufständischen Liberalen gewährte, diente der Regierung der USA als Vorwand, ihre Unterstützung für Díaz zu rechtfertigen. Sie anerkannte sofort seine Regierung und schickte auch alsbald eine große Anzahl Kriegsschiffe nach Nicaragua, um mit Hilfe der Marines den Vormarsch des »konstitutionalistischen Heeres«, das General Moncada befehligte, aufzuhalten. Zu diesem Zeitpunkt hatte die mexikanische Revolution, die 1911 begonnen hatte, ihren Höhepunkt erreicht. Eine umfassende Agrarreform war eingeleitet worden, und die nachrevolutionären Regierungen vertraten eine auf die nationalen Interessen ausgerichtete Politik, die die Nationalisierung der Bodenschätze des Landes als eine ihrer wichtigsten Forderungen beinhaltete, denn das mexikanische Erdöl an der Golfküste, in Veracruz und Tamaulipas, war im Besitz mächtiger US-Konsortien. (Jahre später überführte General Lázaro Cárdenas diese Vorkommen in mexikanischen Besitz.) In Washington beschuldige Staatssekretär Frank B. Kellog die »mexikanischen Bolschewiki«, Unordnung und Unruhe in ein Land zu tragen, das immer beispielhafte Regierungen gehabt habe.

Unterdessen wird die militärische Lage für die Regierung Adolfo Díaz immer ungünstiger, und die US-Kriegsmarine weiß, daß er sich ohne ihre Hilfe, die sie ihm auch ohne zu zögern gewährt, nicht an der Macht halten kann. Im Dezember 1926 landen die sieggewohnten Marineeinheiten wieder einmal an der Atlantikküste, wo sie nach ihrer berühmten Taktik der »neutralen Zone« die Regierung Sacasa einkreisen und isolieren und einen großen Teil der Waffen und der Munition ins Wasser werfen. Im Januar 1927 landen sie an der Pazifikküste, besetzen Häfen, die Eisenbahnlinie und die wichtigsten Städte. Am 9. Januar beteiligen sie sich mit ihren Flugzeugen an der Schlacht von Chinandega und setzen die Stadt in Brand.

Doch das »konstitutionalistische Heer« ist bereits auf dem Vormarsch durch den Dschungel, von der Laguna de Perlas aus über die Berge Las Segovias und die Hochebenen von Chontales und Boaco in Richtung Pazifik, und trotz der Präsenz der Marines sind sie im April in die Nähe der Hauptstadt gelangt und bereiten sich auf den Angriff vor.

Präsident Coolidge, der persönlich daran interessiert ist, daß der »Hauptbuchhalter« Adolfo Díaz nicht gestürzt wird, entsendet seinen persönlichen Freund Mr. Henry Stimson mit allen Vollmachten ausgestattet nach Nicaragua, um dort, koste es, was es wolle, die Lage zu klären. Mr. Stimson kommt Ende April in Nicaragua an und hat am 4. Mai in Tipitapa, wenige Kilometer von Managua entfernt, eine Unterredung mit General Moncada. Es herrscht Waffenruhe. Die liberalen Truppen halten schon Boaco besetzt, womit bereits mehr als die Hälfte des Landes unter ihrer Kontrolle ist. In dieser Unterredung stellt Stimson Moncada vor die Alternative, einen Waffenstillstand zu unterzeichnen, der Adolfo Díaz bis zu den nächsten Wahlen von 1928, die garantiert unter dem Schutz der natürlich weiter im Land verbleibenden Marines stattfinden würden, auf seinem Posten beläßt, oder andernfalls den Okkupationstruppen die Stirn zu bieten, die den Aufständischen sofort den Krieg erklären würden, um sie zu entwaffnen.

General Moncada wählt den ersten Weg. Mr. Stimson schreibt in seinen »Memoiren« über jene Mission in Nicaragua, daß ihm dieser aufständische General als ein sehr anziehender Mann von nicht geringen Talenten erschien, was nichts anderes heißen sollte, als daß Moncada ein Mann war, der einmal zum Präsidenten gemacht werden könnte. Dieser Wink bleibt von Moncada nicht unbemerkt, und als er nach seiner Rückkehr nach Boaco seinen Generalstab versammelt, empfiehlt er ihm, der Kapitulation zuzustimmen. Unterdessen werden freizügig öffentliche Posten unter die liberalen Krieger verteilt, jeder erhält die Maulesel und Pferde seiner Kolonne und außerdem zehn Dollar pro Kampftag ausgezahlt. Moncada ausgenommen, war der Preis der Kapitulation nicht hoch, doch alle geben ihre Zustimmung, und es wird ein Telegramm aufgesetzt, das am 8. Mai dem nordamerikanischen Militärkommandanten übergeben wird.

Alle geben ihre Zustimmung, nur einer nicht.

Und hier beginnt die Geschichte General Augusto César Sandinos.

III

Die Caudillos, die in den Bürgerkriegen einzig und allein um ihre persönlichen Vorteile kämpfen, um die Macht an sich zu reißen und um bessere Geschäfte zu machen, um ihren Landbesitz zu vergrößern oder selbst Steuern einzukassieren, ihre bedingungslose Unterwerfung unter die Diktate ausländischer Mächte und die Allgewalt der Konsortien und Bankiers, ihr patriotisches Gerede und die rhetorische Verkleidung ihrer nationalistischen oder auf das Gesetz pochenden Forderungen, die nichts anderes verbargen als persönlichen Ehrgeiz, dem das Leben Tausender von Bauern geopfert wird, die niemals recht erfahren, warum sie kämpfen und sterben, sind die Figuren jener schrecklichen Fresken, die lange Zeit in Mittelamerika die Bananenkriege genannt werden.

Auch Adolfo Díaz, der niemals etwas anderes als ein Verwalter der Interessen der USA in seinem eigenen Land war, Chamorro, der für alles andere kämpfte als für die Idee einer Nation, die er niemals besaß, oder Moncada, der sich widerspruchslos den Forderungen der Okkupationstruppen unterwarf, sind nichts anderes als Figuren eines Bananenkrieges, der sicher heute in Vergessenheit geraten wäre. Die wiederholte Besetzung Nicaraguas durch die US-Kriegsmarine wäre in die Geschichte als ein Bestandteil der allgemeinen Politik der Expansion und Aggression, die die USA ohne jeden Skrupel in den anderen Ländern des karibischen Raumes betrieben, eingegangen. Bestenfalls hätten die traditionelle Unterwürfigkeit und das fehlende Nationalgefühl der kreolischen Politiker auch Nicaragua in den Status eines »frei-assoziierten Staates« gebracht, wie es zum Beispiel auf Puerto Rico zutraf, oder aber die Fahne der amerikanischen Nation um einen Stern bereichert, wie William Walker es wollte. Darum wurde Nicaragua in den Jahren vor dem Beginn des sandinistischen Befreiungskrieges in den Schultexten für Geografie und in den Atlanten als ein nordamerikanisches Protektorat bezeichnet, galt also als eines seiner kolonialen Besitztümer, und die Nicaraguaner wurden der Haltung ihrer Staatsmänner wegen in ganz Lateinamerika als »Vende-Patrias«, als »Vaterlands-Verschacherer«, bezeichnet.

Ein junger Mann, schüchtern und von kleinem Wuchs, aus einem kleinen nicaraguanischen Dorf stammend, das in der von Kaffeesträuchern bedeckten Meseta in den Ausläufern der Andenkordillere, die sich bis zur Pazifikküste erstreckt, liegt, der auf den Bananenplantagen und in den Zuckerfabriken im Norden von Honduras und an der Atlantikküste von Guatemala gearbeitet hatte, als Peon und als Schlosser, als Straßenfeger und Handwerker und Landarbeiter, war wie viele andere junge Lateinamerikaner, die auf den Erdölfeldern von Tampico ihr Glück versuchten, nach Mexiko gekommen. Im Mai 1926, als die Marines wieder einmal in Nicaragua landeten, um zugunsten der Konservativen in den Bürgerkrieg einzugreifen, war er in jenem brodelnden Tampico des

Erdöls, der anarchosyndikalistischen Ideen, des rasch um sich ver-
breitenden Sozialismus der Revolution der Bolschewiki, des mexikanischen Agrarismo von Zapata. Eines Tages, er war im Gespräch
mit seinen Freunden, Stauern und Erdölarbeitern, und hatte die
Zeitung aufgeschlagen, sagte er zu ihnen, daß die Lage in seinem
Land ihn ernsthaft daran denken lasse, nach Nicaragua zurückzukehren, um dort mit der Waffe in der Hand gegen die ausländischen
Interventen zu kämpfen.
»Was redest du, du gehst ja doch nicht, Kumpel«, entgegnete ihm
einer seiner Freunde, »ihr Nicaraguaner seid doch alle miteinander
›Vaterlandsverschacherer‹.«
Diese Worte sollten einen großen Einfluß auf sein weiteres Handeln haben, denn wie er später selbst erzählte, mußte er an jenem
Tag die ganze Nacht über sie nachdenken. Wirklich, wenn die Politiker das Land verschacherten, dachte er, so mußte man auch die-
jenigen so nennen, die dieser Schande zusahen und nichts dagegen
taten. Und da er im Verlaufe seiner Arbeitsjahre einiges Geld zur
Seite gelegt hatte, beschloß er, mit einem Teil seiner Ersparnisse
den Beginn eines bewaffneten Widerstandskampfes gegen die Okkupation seines Landes zu finanzieren. Am 1. Juni 1926 kehrte er
nach Nicaragua zurück.
Augusto César Sandino wurde am 18. Mai 1895 in dem kleinen
Dorf namens Niquinohomo geboren, das aus den strohgedeckten
Lehmhütten der Bauern bestand, die als Peone auf den Kaffeeplantagen arbeiteten. Es war ein Gebiet, in dem es auch Mais-, Tabak-
und Bananenpflanzungen gab, im Herzen des Departements Masaya gelegen, dem dichtbesiedeltsten Departement der Republik Nicaragua. Neben der Kolonialkirche aus Lehmziegeln, die sich vor
einem kleinen leeren Platz erhob, standen einige wenige Häuser aus
Ziegelstein, die den begüterten Ladinos gehörten, die einiges Land
besaßen und mit dem Weizen Handel trieben, den sie von den kleinen Bauern vor der Ernte aufkauften. (In einer Ironie des Schick-
sals wurden in diesem Departement in einem Umkreis von nicht
mehr als 10 km Sandino in Niquinohomo und weiter südlich José
María Moncada in Masatepe und Anastasio Somoza in San Marcos geboren.)
Der Schicht der wohlhabenden Mestizen von Niquinohomo gehörte Sandinos Vater, Don Gregorio, an, aus dessen Jugendliebe
zu der Bäuerin Margarita Calderón, die Kaffee auf seiner Plantage
pflückte, dieser einzige Sohn hervorging, der im gleichen Jahr zur

Welt kam, in dem José Martí in Kuba im Kampf um die Unabhängigkeit seines Landes fiel.

Sandino mußte in seiner Kindheit die gleiche Armut und Not durchmachen, die in der feudal-patriarchalischen nicaraguanischen Gesellschaft alle unehelichen Kinder traf, zumal wenn der Vater sich mit einer Frau seines Standes verheiratete, wie es Don Gregorio tat. Die außerhalb der Ehe geborenen Kinder wurden zwar in das väterliche Haus aufgenommen, mußten aber als Gegenleistung für ihren Lebensunterhalt hart arbeiten. Und wenn beispielsweise zum Essen gerufen wurde, so mußten sie sich in die Küche setzen, gesondert von den ehelichen Kindern, deren abgelegte Sachen sie auch auftragen mußten. Aus der Ehe Don Gregorios gingen drei Kinder hervor, zwei Mädchen und ein Junge namens Sócrates, der später im Heer seines Bruders kämpfte.

Es war im herrschenden Feudalsystem, das sich in Mittelamerika bis in das 20. Jahrhundert hielt, gebräuchlich, daß die Bauern von den Gutsherren einen Vorschuß auf ihre Arbeit erhielten und die Schuld dann in festgelegten Arbeitsstunden ableisten mußten. Konnten sie ihre Schulden nicht abarbeiten, wenn sie zum Beispiel krank wurden, kamen sie ins Gefängnis. Als Sandino neun Jahre alt war, kam seine Mutter wegen einer solchen Schuld ins Gefängnis, und da es auch üblich war, daß die Kinder ihren Eltern folgten, wenn es niemanden gab, der sie ernährte, kam auch Sandino hinter Schloß und Riegel. Dort mußte er mit ansehen, wie seine Mutter an den Folgen eines Aborts verblutete. So reifte in seiner Kindheit die Frage nach der Gerechtigkeit in ihm heran.

Sandino war gerade zwanzig, als er das Haus seines Vaters verließ, um sich seinen Lebensunterhalt selbst zu verdienen. Er arbeitete auf verschiedenen Haziendas und Plantagen als Schlossergehilfe, kehrte aber dann nach Niquinohomo zurück, um sich dem Handel mit Weizen zu widmen. Doch 1920, als er alle Vorbereitungen getroffen hatte, sich mit seiner Cousine Mercedes zu verheiraten, geriet er in einen blutigen Streit, der eine Wende in seinem Leben bewirkte. Es ging um Fragen von Ehre oder von Geschäften, Tatsache jedenfalls ist, daß Sandino einen Mann namens Dagoberto Rivas in der Stunde der sonntäglichen Messe in der Pfarrkirche schwer verletzte. Er mußte fliehen und ging ins benachbarte Honduras. Dort herrschte das Bananenfieber, und viele Mittelamerikaner waren in dieser Zeit in das Atlantikgebiet gekommen, das eine Art tropischer *far west* darstellte. Auf den Straßen von Tela und La Ceiba wimmelte es nur so von Fremden, die Spielkasinos und Bars mehrten sich, die Verbrechen und die Schießereien auf den Straßen desgleichen.

Sandino verdingte sich in La Ceiba als Lagerverwalter des Ingenio Montecristo, das Eigentum der *Honduras Sugar & Distilling Co.* war. 1923 mußte er wegen einer Liebesaffäre Honduras verlassen. Er ging nach Guatemala, wo er als Peon auf den Bananenplantagen der *United Fruit Company* in Quiriguá arbeitete. Im gleichen Jahr aber machte er sich weiter nach Mexiko auf, und dort begann er für die *South Pennsylvania Oil Co.* in Tampico zu arbeiten. 1925 wechselte er zu den Erdölfeldern der *Huasteca Petroleum Co.* in Cerro Azul, im Staat Veracruz, über und wurde Chef des Benzinverkaufs en gros, wo er bis zu seiner Rückkehr nach Nicaragua im Juni 1926 blieb.

Als Sandino nach Nicaragua zurückkehrte, arbeitete er zunächst im Bergwerk von San Albino, das ebenfalls in nordamerikanischem Besitz war. Es lag im Norden des Landes, nicht weit von dem Gebiet entfernt, das später Schauplatz seines Kampfes sein sollte. Hier begann Sandino politische Aufklärungsarbeit unter den Bergleuten für die Sache der Nation zu leisten. Im Oktober hatte er bereits so viele Arbeiter zusammen, daß er eine kleine Kolonne Soldaten bilden konnte und sie mit den paar alten Gewehren ausrüstete, die er von seinen Ersparnissen einigen Waffenschmugglern an der Grenze zu Honduras abgekauft hatte.

Der Krieg, den die liberale Partei an der Atlantikküste gegen die Regierung führte, sollte nach Sandinos Auffassung auch ein Krieg gegen die ausländische Intervention sein, und darum suchte er in den Reihen der Liberalen seine erste Schlacht zu schlagen. Er lieferte sie mit seinen Männern am 2. November 1926, als er die Ortschaft El Jícaro, die die Regierungstruppen besetzt hielten, angriff. Doch war seine Kolonne so schlecht vorbereitet und hatte so wenig und so schlechte Gewehre und Munition, daß sie geschlagen wurde. Diese Niederlage aber sollte ihre Kampfbereitschaft nur noch stärken. Sandino formierte seine Truppe neu und ließ sie unter sicherem Schutz an einem Ort, der später ein legendäres Quartier der Sandinoschen Guerilla werden sollte: El Chipote im Herzen der Segovianer Berge. Er selbst aber machte sich mit einigen seiner Männer auf in Richtung Atlantikküste, wo das Gros der aufständischen Truppen war. Er durchfuhr im Kanu den Coco quer durch den Dschungel und hätte diese tagelange Reise voller Gefahren wohl kaum durchstehen können, wenn ihm die Zambo- und die Misquito-Indianer nicht geholfen hätten, die in dieser Gegend leben. Auch im nachfolgenden Krieg sollten sie mit ihren Kanus eine wirksame Kriegsmarine bilden, denn auf ihnen werden Guerilleros, Munition und Nahrungsmittel über den Fluß transportiert.

Nach einigen Wochen gelangte Sandino nach Rio Grande zu General Moncada. Er hatte eine Unterredung mit ihm, in der er ihn um Waffen und Munition für seine Männer bat, die als Segovianer Truppe in der nördlichen Gegend des Landes operieren würde, wenn der Vormarsch des Heeres in Richtung Pazifik begann. Moncada lehnte ab. Sandino reiste weiter nach Puerto Cabezas, wo Sacasa und seine Regierung ihren Sitz hatten. Er kam dort in den Weihnachtstagen des Jahres 1926 an, als gerade die Kriegsmarine das Gebiet zur »neutralen Zone« erklärt, Sacasa entwaffnet und die Waffen ins Meer geworfen hatte. In der Nacht gingen Sandino und seine Männer zum Hafen und holten unter dem Schein von Ocote-Fackeln bis zum Morgengrauen Gewehre und Munition aus dem Watt, wobei ihnen die Prostituierten des Hafens halfen. Mit diesen Waffen machte sich Sandino auf die Rückreise über den Coco hoch in die Berge, wo seine Soldaten auf ihn warteten.

In den Bürgerkriegen wurden die Heere aus den Peonen der Haziendas rekrutiert, und die Gutsbesitzer waren die Generäle. Die Regierung holte die Bauern, die im Krieg der USA mit Spanien Ende des vorigen Jahrhunderts gedient hatten, unter Zwang ins Heer und schickte sie in den Kampf ohne jede militärische Ausbildung und mit den alten Gewehren karg bewaffnet. Die Zahl der Getöteten war darum außerordentlich hoch, zudem wurde nach ganz primitiven Methoden gekämpft, zum Beispiel ungedeckte Vorstöße der Infanterie, Kämpfe Mann gegen Mann, Belagerungen von Dörfern, wobei die Generäle immer in der Nachhut blieben, in gebührender Entfernung. Bürgerkrieg bedeutete Hunger und Witwenschaft, unbestellte Felder, verlassene Familien und bettelnde Waisenkinder auf den Straßen.

Neben dem alten Gewehr erhielten die Soldaten ein Paar Sandalen, hundert Schuß Munition und einen Strohhut mit einem Abzeichen, das grün oder rot war, je nachdem, ob sie bei den Liberalen oder den Konservativen waren. Dieser erzwungene Militärdienst war ein Teil des Tributs, den der nicaraguanische Bauer außer seiner fast unbezahlten Arbeit dem Gutsherrn im herrschenden Leibeigenensystem zahlen mußte.

Sandino war der erste General, der sich an die Spitze seiner Soldaten stellte und mit ihnen zusammen in den Kampf ging. Er war
auch ein General des Volkes, der sich an diesem traditionellen
Bürgerkrieg beteiligte, doch hißte er von da an in der Vorhut seiner
Kolonne die rote und die schwarze Fahne (rot: Freiheit, schwarz:
Tod – *Freiheit oder Tod*). Auch seine Soldaten waren Segovianer
Bauern aus den kalten Bergen des Nordens, die Sandino in Massen,
doch stets diszipliniert, folgten, eine Art Auserwählten des Volkes
für den Befreiungskampf. Es gab in den Bergen eine Redensart, die
Sandino oft wiederholte: *Gott wird durch die Segovianer sprechen.*
General Moncada fragte Sandino einmal, wütend über den Erfolg,
den Sandino in diesem Bürgerkrieg errang, der sich zwar nicht
grundlegend von den vorhergegangenen unterschied, aber doch viele
neue Züge aufwies (als wichtigsten eine Kolonne, die vom General
angefangen nur aus Männern aus dem Volk bestand und nicht nur
dem konservativen Heer heftige Schlachten lieferte, sondern auch
die unvorbereiteten liberalen Generäle in letzter Stunde vor militärischen Niederlagen bewahrte), folgendes:
»Und wer hat Sie denn zum General gemacht?«
Worauf Sandino bescheiden antwortete:
»Meine Soldaten.«
Nach dem Sieg über die Regierungstruppen in San Juan de Segovia
und in Yucapuca, in einer Schlacht von zwölf Stunden Dauer,
erobert Sandinos Kolonne am 26. März 1927, an der rechten Flanke
der Truppenteile Moncadas operierend, Jinotega. Moncada fühlt
sich durch diese Erfolge, die seiner Meinung nach solch einem bescheidenen Handwerker, der sich General nennt, nur weil seine Soldaten ihn dazu gemacht haben, nicht anstehen, einmal mehr in seiner Eigenliebe gekränkt und ordnet an, keine Kolonne dürfe mehr
als dreihundert Mann stark sein. Sandinos Kolonne hat allein
achthundert Kavalleristen, während viele Generäle mit glänzenden
Stiefeln keinen einzigen Soldaten haben. In der Segovianer Kolonne schenkt niemand dieser Verfügung Beachtung, alle brechen guten
Muts auf.
Am 2. Mai 1927, als Moncada noch mit Mr. Stimson über die Kapitulation verhandelt, besetzt Sandino den Cerro del Común nicht
weit von Boaco, das heißt in einer vorgerückten Position zur
Hauptstadt. Moncada sendet einen Kurier zu Sandino, um ihn
über den Waffenstillstand und seine Bedingungen zu unterrichten.
Doch als Sandino im Hauptquartier des liberalen Heeres eintrifft,

ist der Generalstab bereits zusammengekommen, und alle haben der Kapitulation zugestimmt.

Sandino kehrt zum Cerro del Común zurück. Dort sucht er die Einsamkeit, damit seine Männer ihn nicht weinen sähen, während er bitter über das ewige Schicksal seines Landes grübelt: Es wird verschachert, fremden Mächten ausgeliefert. Wie Moncada vor Stimsons Alternative, überprüft Sandino in dieser langen Nacht die Wahl, vor der er steht: Seine Waffen niederzulegen und seine Männer zu verabschieden – oder der mächtigen Armee der USA, die über unbegrenzte Mittel verfügte, über Kriegsschiffe, Flugzeuge, Kanonen, bis in den Tod Widerstand zu leisten. Ginge es um die Interessen, die gewöhnlich in den Bürgerkriegen im Spiele waren, so wäre es Wahnsinn, Widerstand zu leisten. Ihm wurden Maultiere, Pferde, Geld, ein Posten im öffentlichen Dienst, den des Gouverneurs des Departements von Jinotega, Land zugesichert. Und die Schande! Er erinnert sich der spöttischen Stimme seines Freundes aus Tampico, die ihn Vaterlandsverschacherer nannte. Er denkt daran, daß er nicht von so fern zurückgekommen ist, um für eine Partei zu kämpfen, sondern für sein Land, und daß nicht wichtig ist, wer der nächste Kandidat für die Präsidentschaftswahlen sein würde, die die Marines ja doch nach ihrem Gutdünken abhielten, sondern daß die Vereinigten Staaten nicht das Recht haben, in ein kleines Land einzudringen, es zu besetzen, es zu erniedrigen.

Sandino entschied sich in jener Nacht zum Kampf, mehr, um ein Beispiel für die Zukunft zu geben, denn in der Hoffnung auf einen militärischen Sieg. Seine Entscheidung jedoch verwandelte einen Bürgerkrieg oligarchischen Charakters in einen langen nationalen Befreiungskrieg. Sie verwandelte einen Krieg mit gewaltsam rekrutierten Soldaten und opportunistischen Generälen in einen Krieg, in dem Generäle und Soldaten gleichermaßen arm waren, Söhne des Volkes, die in Lumpen gekleidet gingen, einander Bruder nannten und deren Losung, die unter allen offiziellen Dokumenten stand, zusammen mit einem Stempel, der einen Bauern zeigte, welcher mit einer Machete einen Yankee-Soldaten köpfte, *Vaterland und Freiheit* war. Ein konventioneller Bürgerkrieg verwandelte sich auf diese Weise in den ersten Guerillakrieg des amerikanischen Kontinents.

»Wie kommen Sie darauf, für das Volk sterben zu wollen«, sagte Moncada in seinem letzten Gespräch zu Sandino. »Das Volk dankt es einem nicht. Wichtig ist, gut zu leben.« Sandino ließ ihn mit seinem lockenden Versprechen, Präsident eines besetzten und erniedrigten Landes zu sein, das er schon sicher in der Tasche hatte, zurück. Er ging am 12. Mai mit seiner Kolonne nach Jinotega, wo er den Behörden aller Departements in einem telegrafischen Rundschreiben von seiner Entscheidung Mitteilung machte, die Kapitulation nicht anzunehmen, sondern bis zuletzt Widerstand zu leisten. Er verabschiedete alle Männer, die verheiratet waren oder familiäre Verpflichtungen hatten, sie sollten in ihre Familien zurückkehren. Dreißig Männer blieben bei ihm. Mit ihnen schlug er sein Quartier in jenen Einsamkeiten der kalten Berghöhen von Yucapuca auf, drei Tage nach seiner Hochzeit mit Blanca Arauz, der Telegrafistin aus San Rafael del Norte, die während des vorangegangenen Feldzuges alle seine Botschaften gesendet hatte. Die Hochzeit fand in den Morgenstunden des 18. Mai statt. Als Sandino die kleine Kirche betrat, die der seines Dorfes glich, weckte der Geruch der Kerzen und der wildwachsenden Blumen die Erinnerung an seine Kindheit in ihm.

Am 1. Juli verbreitete Sandino sein erstes Kommuniqué: »Derjenige, der von seinem Vaterland nichts weiter verlangt als einen Flecken Erde für sein Grab, verdient es, angehört zu werden, und nicht nur angehört, sondern er verdient es auch, daß man ihm Glauben schenkt.«

Alle seine Aufrufe, seine Briefe, selbst seine Telegramme sind in einer Sprache verfaßt, die niemals rhetorisch ist. Sie ist immer voller Leidenschaft, immer voller Wahrheit. Es ist die Stimme eines Handwerkers, eines Bauern, der seinen Kampf in einer schlichten, aber auch lyrischen Sprache erklärt, der einfache Ton eines Landschullehrers, der sich an seine Generäle wendet, die weit entfernt mit ihren Kolonnen in den dichten Wäldern und in den Bergen die Mitteilungen ihres Chefkommandanten erhielten, die wie Lektionen, wie Gedichte waren. Es waren Generäle, die weder lesen noch schreiben konnten, sondern erst im Laufe des Kampfes lesen und auf den erbeuteten Maschinen des Feindes schreiben lernten. Alles war wie eine einzige große Schule.

Am 16. Juli 1927 griff Sandino Ocotal im Departement Nueva Segovia an, in der eine Garnison Marine-Infanteristen stationiert war. Durch diese Schlacht, die vom frühen Morgen bis in die Nacht hinein dauerte, erfuhr die Welt, daß der Befreiungskampf begonnen hatte.

IV

Am 2. September 1927 versammelte Sandino seine Soldaten auf dem Berg »El Chipote«. An jenem geheimen und uneinnehmbaren Ort schwören die Bauern, die sich in Waffen erhoben haben und aus allen Gegenden hier zusammengekommen sind, auf das Gründungsdokument des »Verteidigungsheeres der Nationalen Souveränität von Nicaragua«, das Hunderte von Namen derjenigen trägt, die schreiben konnten, und den Daumenabdruck der anderen. Dieses Dokument war ein Ehrenkodex, über den gemeinschaftlich abgestimmt wurde und der den zukünftigen Kampf in seinen Grundregeln bestimmte.

Der Angriff auf Ocotal zwei Monate zuvor, in dem die Soldaten Sandinos versuchten, die Marine-Garnison zu stürmen, erfolgte noch nach der konventionellen Kriegsführung. Die Flugzeuge der US-Luftwaffe flogen sofort zur Unterstützung herbei und bombardierten die Stadt. Viele Soldaten aus der Kolonne Sandinos, die ungedeckt kämpften und leicht aus der Luft ausgemacht werden konnten, wurden getötet, doch gab es auch sehr viele Opfer unter der Zivilbevölkerung. Im gleichen Monat waren ausländische Truppenverbände von Managua aus mit dem strikten Befehl ausgeschickt worden, mit »den Banditen«, wie die Männer Sandinos bald genannt werden, ein Ende zu machen. Der erste Kampf mit ihnen fand am 25. Juli in San Fernando statt, wo die Sandinisten, die im Dorf ihr Lager aufgeschlagen hatten überrascht wurden. Ein zweiter fand am 27. Juli in Santa Clara statt, wo sie auch die Unterlegenen waren. Die zahlenmäßige Überlegenheit, die besseren Waffen und die taktische Kriegsführung der Marines hätten Sandino und seinen Männern keine Möglichkeit zu weiterem Widerstand gelassen, wenn sie nach diesen Niederlagen nicht ihre Taktik grundlegend geändert hätten. Die ersten Schritte zur Geburt des Guerillakrieges waren getan, als Sandino und seine Männer sich in die Berge zurückzogen, um sich neu zu formieren, während der US-Geheimdienst schon frohlockte, daß »die Banditen jetzt keine weiteren Probleme mehr verursachen werden«.

Das Verteidigungsheer lieferte eine Woche nach seiner Gründung seinen ersten Kampf nach der Taktik, an die sich die Marines immer nur mit Angst und Schrecken erinnern sollten: der Taktik des Hinterhaltes, der Überraschungsangriffe, der raschen Rückzüge. Überall konnte eine feindliche Kolonne sie erwarten: in Engpässen und auf unbekannten Wegen, sie konnte ihnen im Dickicht oder auf den Baumkronen auflauern oder beim Überqueren eines Flusses, wenn sie mitten im Wasser gute Zielscheiben abgaben. Der erste Guerillakampf dieser Art fand am 9. September statt, an einem Ort namens Las Flores: Eine Kolonne Marines, die sich auf einem Marsch von einer Garnison zur anderen befand, wurde aus dem Hinterhalt überfallen. Viele von ihnen wurden getötet. Am 19. September wurde die Garnison von Telpaneca in der Nähe des Coco in einem Blitzangriff gestürmt.

Die beiden charakteristischen Taktiken des Sandinistischen Guerillakampfes: Überraschungsangriffe aus dem Hinterhalt auf Kolonnen, die durch die Berge marschieren und Sturmangriffe auf Garnisonen in kleinen Dörfern. Die Ziele waren einfach und klar: die größtmögliche Zahl von Verlusten beim Feind mit der geringsten Menge an Munition; Erbeutung von Waffen, Munition und anderem Kriegsmaterial; Vermeiden langanhaltender Kämpfe; geordneter Rückzug auf Wegen, die nur ihnen bekannt waren, bis zum Treffpunkt an einem vorher genau bestimmten Ort; keine Spuren hinterlassen und die eigenen Toten und Verwundeten mitnehmen. Nach einem Angriff, wenn die Marines sich auf weitere Feuergefechte vorbereiteten, waren Sandino und seine Männer schon längst fort, und nur noch die Geräusche der Berge waren zu hören.

Die gut ausgebildeten US-Marine-Infanteristen in ihren eleganten Uniformen hatten nur einen Ausdruck für diesen Alptraum, in dem sie lebten: *damned country!* Regen, Mücken, Morast, reißende Flüsse, wilde Tiere, die Furcht, plötzlich in einen Hinterhalt zu geraten, Fieber, niemals einen Feind vor Augen.

Ein Baumzweig, ein Stein auf dem Weg, der Ruf eines Tieres oder der Gesang eines Vogels konnten Zeichen in der Kriegssprache Sandinos sein, die anzeigten, daß Yankees sich näherten, oder die einen Schießbefehl gaben. Alle Geräusche der Berge waren feindlich. Jeder Bauer, dem sie sich näherten, um nach dem Weg zu fragen oder um Wasser zu bitten, konnte ein Anhänger Sandinos sein, der sein kleines Stück Land mit Mais bebaute und in der Nacht als Kurier diente oder an anderen Tagen Soldat war.

Am 8. Oktober holten die Soldaten des Verteidigungsheeres zum erstenmal mit Maschinengewehren ein Flugzeug der Marines herunter, was ihnen später dann noch sehr oft gelang. Sie nahmen die Piloten gefangen und erschossen sie standrechtlich. Eine Patrouille, die ausgeschickt worden war, die Besatzung einzulösen, wurde von

Sandinos Männern am gleichen Tag in El Zapotillo überrascht und völlig aufgerieben.

Die nordamerikanische Presse beginnt jetzt ihre Meldungen auf der ersten Seite zu veröffentlichen, in Lateinamerika werden sie mit Jubel begrüßt. Eine chilenische Dichterin, Gabriela Mistral – die später den Titel der Wohltäterin des Verteidigungsheeres erhielt, bevor ihr noch der Nobelpreis für Literatur verliehen wurde –, nannte die barfüßigen und in Lumpen gekleideten Männer Sandinos »das kleine verrückte Heer«.

Und wo befand sich General Sandino, wo waren die Kommandanten seiner fliegenden Kolonnen, wo jene verrückten Soldaten?

Als die Taktiker der US-Kriegsmarine einen Berg namens »El Chipote« auf ihren Karten zu suchen begannen, fanden sie ihn weder unter diesem Namen noch unter einem anderen. »El Chipote«, schlußfolgerten sie, existiert gar nicht. Dieser Name muß der Phantasie der Bauern entsprungen sein, die, wenn sie von den Marines nach seiner Lage befragt wurden, nur erwiderten:

»Ja, wissen Sie, mein Herr, in dieser Richtung . . .«

In dieser Richtung liegt das Hochgebirgsmassiv Las Segovias, das im Norden von der Grenze zu Honduras herunterreicht, im Osten bis zu den Urwäldern und den Sümpfen der Atlantikküste abfällt und im Nordwesten in sanften Wellungen in die Llanuras der Pazifikküste übergeht. Dieses Gebirgsmassiv, das von dichten Fichtenwäldern bedeckt ist, von mächtigen, jahrhundertealten Bäumen, die gewaltige natürliche Höhlen bilden, dieses Massiv, das Schluchten, Engpässe und schroffe Felsbrüche hat, über die sich die Flüsse herabstürzen, umfaßt fünf Departements: Nueva Segovia, Estelí, Madriz, Matagalpa, Jinotega. Hier befinden sich reiche Kaffeeplantagen, Holzschläge, Bergwerke, die im Besitz europäischer Pflanzer oder nordamerikanischer Gesellschaften sind.

In diesem Gebiet nicht weit von der Grenze zu Honduras liegt jener mythische Ort namens El Chipote, jener von Engpässen verteidigte Berg, zu dem kein bekannter Weg führte und der immer in Wolken eingehüllt ist. Hier lagen die Strohhütten von Sandinos Soldaten, die Lagerräume für Lebensmittel, die Ställe für die Pferde und das Vieh, die Werkstätten zur Ausbesserung von Waffen und zur Herstellung von Munition, hier gab es Schneidereien und Schuhmachereien, alles mit den sehr bescheidenen Mitteln errichtet, die ihm zur Verfügung standen. Über die Grenze zu Honduras war ein ständiger Postdienst mit der Stadt Danlí eingerichtet. Auf diesem Weg gelangten die Kommuniqués und Kriegsberichte Sandinos in die Welt.

Die Zahl der Soldaten des Verteidigungsheeres schwankte in den Jahren 1931/32, als der Krieg die größten Ausmaße angenommen hatte, zwischen 2 000 und 6 000. Seine acht Kolonnen standen je unter dem Kommando eines Generals, und jede Kolonne hatte ein Gebiet unter sich für militärische Operationen, zivile und paramilitärische Organisation und Einnahme von Steuern. Sie hatte die landwirtschaftliche Produktion zu organisieren, was in Form von Kooperativen erfolgte; auch Schulen gab es, in denen die Soldaten und Bauern lesen und schreiben lernten.

Die Generäle Sandinos waren Bauern und Handwerker, die in der Mehrzahl aus Las Segovias stammten, einige kamen aus dem Innern des Landes oder aus anderen Teilen Mittelamerikas.

General Pedro Altamirano aus Jinotega, allgemein unter dem Namen Pedrón bekannt, der während des Feldzuges lesen und schreiben lernte und wegen seiner Grausamkeit gegenüber den Nordamerikanern gefürchtet war, war der Kommandeur der Kolonne Nr. 1, die die Departements Matagalpa und Chontales unter ihrer Kontrolle hatte.

General Juan G. Colindres, ebenfalls aus Jinotega, war Kommandeur der Kolonne Nr. 8, die in Nueva Segovia, Estelí und später, als der Krieg sich bis zum Pazifik ausweitete, in León und Chinandega operierte.

General José León Díaz aus El Salvador kommandierte die Kolonne Nr. 5, die in León und Chinandega operierte.

General Francisco Estrada, ein Handwerker aus Managua, Generalstabschef des Heeres, war ein Mann mit ungewöhnlichen Fähigkeiten.

General Pedro Antonio Irías, in Jinotega geboren, war Kommandeur der Kolonne Nr. 3 in den Departements Jinotega, Matagalpa und Zelaya.

General José María Jirón Ruano aus Guatemala hatte auf der Militärschule von Potsdam studiert. Er wurde bei einem Kampf gefangengenommen und erschossen.

General Miguel Angel Ortez aus Ocotal wurde in der Schlacht von Palacaguinea getötet, im Alter von erst 25 Jahren.

General Abraham Rivera aus Jinotega kannte die Gebiete am Coco und ihre Bewohner wie kein anderer, auch verstand er die Eingeborenensprachen. Er kommandierte die Kolonne Nr. 6 in Zelaya und Gracias a Dios.

General Carlos Salgado aus Somoto kommandierte die Kolonne Nr. 2, die in den Gebieten von Zelaya am Atlantik bis nach León am Pazifik beweglich operierte.

General Pedro Umanzor war Kommandeur der Kolonne Nr. 4, die das Departement Nueva Segovia kontrollierte.

Diese fliegenden Kolonnen verfügten über ihren regulären Truppenbestand hinaus über paramilitärische Kräfte, zivile Freiwillige, die als Kuriere oder Kundschafter dienten. Es existierte auch ein Netz von Spionen in den Städten, die Informationen über die Truppenbewegungen in Richtung auf die Berge oder über die Landung von Flugzeugen lieferten.

Außerdem gab es in den Quartieren in den Bergen viele Kriegswaisen, die ihre Rolle im Heer spielten: Sie waren als der »Chor der Engel« bekannt. Sie halfen, wenn ein Hinterhalt gelegt und ein Überfall vorbereitet werden sollte. Ihre Aufgabe dabei war, Schreie auszustoßen, jede Art von Geräuschen mit Büchsen oder Feuerwerk zu machen – ein Kinderchor, dessen Stimmen ohrenbetäubend in den Bergen widerhallten, entweder, um eine viel größere Anzahl von Soldaten vorzutäuschen, oder aber, um Verstärkung herbeizurufen. Diese Kinder wurden, sobald sie größer waren, reguläre Soldaten und mußten sich ihr Gewehr selbst erobern.

Es gab auch eine internationale Brigade, die hauptsächlich aus Intellektuellen und Studenten bestand. Sie kamen aus den verschiedenen Teilen Lateinamerikas nach Las Segovias, aus Mexiko, Argentinien, El Salvador, Guatemala, Costa Rica, aus der Dominikanischen Republik, aus Venezuela, Kolumbien, Honduras. Manche kämpften als einfache Soldaten, andere waren im Generalsstab, waren Sandinos Sekretäre, einige ließen dort ihr Leben.

Ende Dezember 1927 schließlich machten die US-Aufklärungsflugzeuge »El Chipote« aus und begannen sofort ein Bombardement, das tagelang dauerte. Unterdessen wurde auch ein Angriff zu Lande vorbereitet, und in den benachbarten Garnisonen wurden Hunderte von Soldaten konzentriert. Der Vormarsch der Marines auf »El Chipote«, der von verschiedenen Punkten aus erfolgte, begann im Januar 1928. Die Bombardements hatten unter anderem auch viel Vieh auf den Weiden getötet. Der Verwesungsgestank wurde unerträglich. Als der Berg von feindlichen Truppen umstellt ist, verliert er seine Bedeutung für Sandino, und er beschließt, ihn zu räumen. Dazu läßt er Strohpuppen anfertigen, die an den Unterständen, auf den Bäumen, an den Häusern befestigt werden, und mit diesem Gespensterheer in den Stellungen – das von weitem mit dem Feldstecher betrachtet wirklichen Soldaten zum Verwechseln ähnlich war – zieht sich das ganze Heer geordnet auf einem geheimen Weg zurück bis nach San Rafael del Norte, wo Sandino geheiratet hat. Am 3. Februar, als der nordamerikanische Journalist Carlon Beals ein Interview mit Sandino in San Rafael del Norte machte, waren die Marines inzwischen zur Spitze von »El Chipote« vorgedrungen, die leer und verlassen dalag, ausgenommen die Strohsoldaten, die sie aus ihren Feuerstellungen ungerührt ansahen.

Am 27. Februar bereitete General Miguel Angel Ortez den Yankees in der Schlacht von El Bramadero eine ihrer schwersten Niederlagen. Nach diesem Kampf wurde Sandino in den offiziellen Dokumenten der Kriegsmarine nicht mehr »Bandit« genannt, sondern es wurde von ihm als »Guerillero« gesprochen. Ein Aufstieg, der mit Kugeln erkämpft worden war. »Wir nennen ihn ›Bandit‹«, sagte Staatssekretär Cornell Hull, »nur in einem technischen Sinn.«

Im Januar 1928 fand in Havanna die VI. Panamerikanische Konferenz statt, an der der Präsident der Vereinigten Staaten, Calvin Coolidge, persönlich teilnahm. Das Hauptdiskussionsthema der Konferenz war die bewaffnete Intervention in Nicaragua. Der Name Sandino war bereits zu einem Symbol in ganz Lateinamerika geworden, ausgenommen für die Vertreter der konservativen Regierung Nicaraguas, die versuchten, die Präsenz der USA um jeden Preis zu rechtfertigen und dem Kampf Sandinos die Berechtigung abzusprechen. So kann es auch nicht erstaunen, daß der Bischof von Granada die Waffen der Marines, die im Februar nach Las Segovias marschierten, in einem öffentlichen Zeremoniell segnete. Es wurde jetzt nur noch deutlicher, daß der Krieg, den Sandino führte, ein Krieg des Volkes war.

Er dehnte sich auch bald auf die Atlantikgebiete am Río Coco aus. Die Truppen Sandinos hatten hier einen präzisen Angriffspunkt: die Anlagen der US-Bergbaugesellschaften. Sandino verlegte im März 1928 sein Hauptquartier von San Rafael del Norte nach Pis Pis, um im April des gleichen Jahres mit seinen Truppen die Minen von La Luz und Los Angeles, die bekanntlich Eigentum der Familie Buchanan waren, welche Jahrzehnte zuvor ihren Beitrag zur Niederlage der Regierung Zelaya geleistet hatte, zu besetzen. Die US-Flugzeuge bombardierten jetzt intensiv auf der Suche nach den Sandinisten und machten Bauerndörfer wie Murra, Ojoche,

Naranjo, Quiboto, dem Erdboden gleich. Der Luftterror hatte begonnen.

Doch die Bergwerke werden von Sandinos Soldaten in Brand gesteckt, die Schächte gesprengt, die Waren in den Läden der Gesellschaft beschlagnahmt. Die Marines sterben weiter in den Wäldern Nicaraguas, die Totenlisten erscheinen täglich in den nordamerikanischen Zeitungen, und die öffentliche Meinung beginnt sich zu beunruhigen. Die Senatoren führen heftige Debatten, in denen sie sich fragen, warum die Marines ihren Kampf gegen die »Banditen« nicht in Chicago gegen Al Capone und seine Leute führen. Im April 1928 fordert das Senats-Komitee für internationale Beziehungen vom Sekretär der Marine Rechenschaft über die Operationen in Nicaragua, und eine im gleichen Monat angenommene Resolution stellt die Befugnis des Präsidenten der Vereinigten Staaten in Frage, weiter Besatzungstruppen in Nicaragua zu stationieren. In New York, Los Angeles, Chicago, Detroit beginnen sich antiimperialistische Komitees zur Verteidigung des Kampfes Sandinos zu bilden. Es werden Meetings abgehalten, um Geld zu sammeln. Die Regierung verfolgt diese Komitees unter der Anschuldigung der Illegalität. Auch in Venezuela, Mexiko, Argentinien, Costa Rica entstehen ähnliche Komitees.

Von Frankreich aus begrüßt der Schriftsteller Henri Barbusse Sandino als »den General freier Menschen«. Der Erste Antiimperialistische Kongreß, der 1928 in Frankfurt abgehalten wurde, sicherte dem Kampf in den nicaraguanischen Bergen seine volle Unterstützung zu. In Peking gaben nationalistische Truppen einer ihrer Divisionen den Namen Sandino, und sein Bild wird auf Demonstrationen mitgeführt.

Im Kampf um La Flor am Cuas werden der Kapitän Hunter USMC und viele seiner Soldaten getötet. Auch im Kampf um Illiwas am 7. August werden die Marines geschlagen. Der Widerstand des Verteidigungsheeres scheint unbesiegbar. Da der innere Druck in den Vereinigten Staaten immer stärker wird und der internationale Protest ständig wächst, macht die Kriegsmarine einen ersten Rückzieher: Sie setzt ihre Soldaten nicht mehr direkt in die Kampfhandlungen ein, sondern nur noch als »technische Berater«. Später wird die Kriegsführung einem lokalen Heer übertragen, das von den Marines aus der Taufe gehoben wurde: die Nationalgarde von Nicaragua. Sie wird im Dezember 1927 durch einen Vertrag zwischen den Regierungen der USA und Nicaraguas offiziell bestätigt und beginnt ein Jahr später zu operieren. Der Kampf von Cuje am 6. Dezember 1928 ist die letzte »offizielle Schlacht« der Okkupationstruppen in Nicaragua, obwohl die spätere Zahl der Toten, die es in ihren Reihen gibt, ein Beweis dafür ist, daß dieser Rückzug nur ein Propagandamanöver war.

Ende 1928 wurde der Wahlsieg, den Mr. Stimson zwei Jahre vorher General Moncada in Aussicht gestellt hatte, Wirklichkeit. Die liberale Partei mit Moncada an der Spitze gewann die im November abgehaltenen Präsidentschaftswahlen, die unter dem Vorsitz von US-Offizieren stattfanden. General Charles McCoy, den Präsident Coolidge zum Chef des Wahlrates von Nicaragua ernannt hatte, beaufsichtigte die Stimmenauszählung. Moncada nahm am 1. Januar 1929 den so lang erwarteten Präsidentensessel ein. Er bemühte sich keineswegs um den Abzug der Marines, auch wenn Sandino Tag für Tag erklärte, daß der Krieg mit dem Tag beendet sein würde, an dem der letzte Besatzungssoldat Nicaragua verlassen habe. Moncada bemühte sich vielmehr darum, die Präsenz der US-Kriegsmarine zu festigen, und um wirksamer gegen Sandino zu kämpfen, stellte er ein spezielles Heer auf, das er »Fuerza de voluntarios« (Freiwilligenheer) nannte. Es stand unter dem Oberbefehl eines mexikanischen Abenteurers, Juan Luis Escamillo, der mit großer Grausamkeit in Las Segovias vorging.

V

Ab 1929 richtete sich Sandino angesichts der Entscheidung der Marines, in Nicaragua zu bleiben, und der Entscheidung Moncadas, sie im Land zu behalten, auf einen langen Krieg ein. Sein Kampf war schon lange nicht mehr nur ein Kampf gegen die Marines und die Konservativen, sondern auch gegen die Liberalen, in deren Reihen er anfangs in den Krieg gezogen war. Der Widerstand gewann einen anderen Charakter, er erfaßte immer größere Teile des Volkes. Niemandem konnte es verborgen bleiben, daß die Oligarchie, die Politiker, der Klerus auf seiten der Okkupanten waren. Die US-Generäle gaben in Managua prunkvolle Feste, an einem Wochenende für die Konservativen, am anderen für die Liberalen. Als einmal ein Trupp Marines auf dem Friedhof von Managua Kreuze und Grabsteine verwüstete, beeilten sich viele ehrenwerte

Bürger, öffentlich in den Zeitungen den ausländischen Soldaten ein tadelloses Verhalten zu bescheinigen.

Sandino war sich bewußt, daß er jetzt, da er einen langen Krieg vor sich hatte, größere Mittel brauchte. Bisher waren seine Waffen die alten Gewehre aus dem Bürgerkrieg oder die von den Marines erbeuteten. Die internationale Kampagne zur Unterstützung von Sandino drückte sich sehr bald in effektiver Hilfe aus, in Form von Waffen, Munition, Nahrungsmitteln, Medikamenten.

Sandino beschloß im Januar 1929, den Präsidenten von Mexiko, Emilio Portes Gil, um die Erlaubnis zu bitten, nach Mexiko reisen zu dürfen, um von dort aus die benötigte Hilfe in die Wege zu leiten, denn die aktivsten Komitees zur Unterstützung seines Kampfes waren in Mexiko.

Unterdessen werden die Repressalien gegen die Bauern, die in den Kriegsgebieten lebten, immer grausamer. Ihre Dörfer werden gebrandschatzt, die bestellten Felder verwüstet, viele von ihnen werden aus ihren Häusern geholt und in Konzentrationslager überführt: Alle sind verdächtig, dem Verteidigungsheer anzugehören. Nach einem Bericht der Foreign Police Association starben 1929 in den Konzentrationslagern mehr als 200 Personen, darunter Frauen und Kinder, vor Hunger oder vor Kälte.

Die »Freiwilligenkolonnen« Moncadas geraten in die Schußlinie eines persönlichen Streits zwischen dem Chef der Nationalgarde und dem Chef der Marines, beide Angehörige der US-Streitkräfte. Einer beschuldigt den anderen, im Schatten des Staates seine persönlichen Geschäfte mit dem Präsidenten von Nicaragua zu machen. Schließlich zwingt die Regierung der USA Moncada, seine Spezialtruppe aufzulösen. Der Terror verstärkt sich, als wenige Monate später der berüchtigte Leutnant Lee mit seiner Kompanie »M« eintrifft, die alle an Grausamkeit überbietet. Sie richtet wahre Blutbäder unter den Bauern an, verstümmelt viele, das veranlaßte die Soldaten Sandinos später, diese Bluttaten in ähnlicher Form zu vergelten.

Die Weltwirtschaftskrise 1929 nach dem Krach an der Börse von New York brachte auch die verarmte nicaraguanische Wirtschaft, die völlig vom Kaffee-Export abhängig war, an den Rand des Zusammenbruchs. Infolge der Arbeitslosigkeit und des Hungers schlossen sich immer mehr Bauern dem Sandinistischen Heer an. Auch für diese neuen Soldaten waren Waffen nötig.

Sandino reist über Honduras nach Mexiko. Am 23. Mai 1929 geht er heimlich in La Unión an Land, und reist weiter nach San Salvador und Guatemala. Am 28. Juni erreicht er den Hafen von Veracruz, wo ihn eine große Menschenmenge empfängt. Er wird von den Generälen, die in den internationalen Brigaden sind, begleitet, von Farabundo Martí, einem Gewerkschaftsführer aus El Salvador, der 1932 erschossen wird, als ein Bauernaufstand in seinem Land blutig niedergeschlagen wird, bei dem es zehntausend Tote gibt; von José Pavlovich aus Peru; von José de Paredes aus Mexiko; von Gregorio Gilbert aus der Dominikanischen Republik. Außerdem schließt sich ihnen hier auch sein Bruder Sócrates an, der aus den Vereinigten Staaten gekommen ist, wo er an Meetings für die Verteidigung des Kampfes von Sandino teilgenommen hat.

In Veracruz erhält Sandino von der Regierung die Aufforderung, nach Mérida, Yucatán, zu gehen und dort, bevor er die Reise nach Mexiko-Stadt fortsetzte, auf weitere Nachricht zu warten. Aber diese läßt lange auf sich warten. Der Botschafter der Vereinigten Staaten in Mexiko übte einen starken Druck aus, Sandino nicht zu empfangen. Es wurde Sandino bewußt, daß die Bereitschaft der mexikanischen Regierung, ihm effektiv zu helfen, niemals ganz klar gewesen war.

Sandino ist verzweifelt und schreibt dem Präsidenten Portes Gil im Januar 1930 noch einmal. Er erhält schließlich die Erlaubnis, nach Mexiko-Stadt zu reisen, und er kommt dort am 27. Januar an Bord eines Flugzeuges an, das auf seinen Namen getauft worden ist. Am Flughafen erwarteten ihn Gewerkschaftsdelegationen, Jugendorganisationen, Journalisten, die Mitglieder des Sandino-Komitees. Am 29. Januar hat Sandino die so lang erwartete Unterredung mit Portes Gil, doch geht aus ihr nichts Konkretes hervor. Sandino kehrt nach Mérida zurück, wo er sich heimlich nach Nicaragua einschifft. Dann überquert er wieder die Grenze zu Honduras und ist am 16. Mai 1930 erneut in seinem Hauptquartier in den Bergen.

Während seiner Abwesenheit lag der Oberbefehl über das Heer in den Händen von General Pedro Altamirano, und wenn die Kampfhandlungen unterdessen auch nachgelassen hatten, so hielt sich doch ein großer Teil des Heeres, das inaktiv geblieben war, für einen Aufruf bereit. Denn dieser neue Typ Bauern-Soldat, den die Männer Sandinos darstellten, war immer in Alarmbereitschaft.

Der Kampf lebte sofort wieder auf. Neue Fronten entstanden, sobald die Kolonnen in neue Gebiete vorrückten, immer näher an die stärker besiedelten Zonen am Pazifik heran. Im Juni 1930 fanden die Schlachten von El Bálsamo, Tamarindo und San Juan de Telpaneca statt. Sandinos Frau·wurde gezwungen, von San Rafael del Norte nach León überzusiedeln, wo sie unter militärischer Aufsicht stand.

Die Meutereien und Aufstände der nicaraguanischen Soldaten in den Garnisonen der Nationalgarde wurden immer häufiger. Es kam vor, daß die nordamerikanischen Kommandanten erschossen wurden und die Soldaten mitsamt ihrer Ausrüstung zum Heer Sandinos überliefen. Sogar nordamerikanische Soldaten desertierten und gaben in den Quartieren Sandinos ihre Waffen ab.

Ende 1930 ordnete die Regierung Moncada die Schließung aller Schulen des Landes an wegen mangelnder finanzieller Mittel. Seine Regierung hatte überhaupt keine Handlungsfähigkeit mehr, und die Macht der Interventen wurde immer offensichtlicher.

Die gefürchtete Kolonne von General Miguel Angel Ortez, eines noch sehr jungen Generals, dessen blondes Haar wie ein Symbol des Widerstandes war, griff im November 1930 Telica im Departement León, ganz in der Nähe der Hauptstadt, an. Am 31. Dezember fügte seine Kolonne den Marines eine der entscheidenden Niederlagen des ganzen Krieges bei, als sie eine Kolonne Marine-Infanteristen auf dem Wege nach Achuapa überraschte und mit Ausnahme von zweien, denen es zu fliehen gelang, alle tötete.

Diese Nachricht erregte in den USA großes Aufsehen. Die Debatten in den Zeitungen und im Senat wurden immer hitziger. Im Februar 1931 sah sich Henry L. Stimson, der einstige Friedensunterhändler in Nicaragua und vom 1929 an die Macht gekommenen Präsidenten Herbert J. Hoover ernannte Staatssekretär, zu der Erklärung genötigt, daß die Okkupationstruppen nur noch bis zu den Präsidentschaftswahlen, die im November 1932 stattfinden sollten, in Nicaragua verbleiben würden. Das war ein weiterer Rückzieher.

Der nächste ließ nicht lange auf sich warten.

Im April 1931 unternahm das Verteidigungsheer eine großangelegte Offensive gegen die Plantagen der United Fruit Company im Gebiet um Puerto Cabezas am Atlantik. Es fanden heftige Kämpfe in Logtown an der Wawa statt. Das Verteidigungsheer rückte, nachdem es die Niederlassungen der United Fruit dem Erdboden gleichgemacht hatte, auf Puerto Cabezas vor, was die eilige Aussendung von Schiffen der US-Kriegsmarine und die Landung von Marine-Infanteristen zur Folge hatte. Unterdessen aber hatten die Sandinisten bereits Cabo de Gracias a Dios eingenommen, das mehr im

Norden gelegen war. Als die US-Flugzeuge Puerto Cabezas bombardierten, hatten Sandinos Männer sie längst verlassen.

Mister Stimson gab am darauffolgenden Tag in Washington die öffentliche Erklärung ab, daß die Regierung der Vereinigten Staaten von Stund an weder für das Leben noch für das Eigentum nordamerikanischer Bürger in Nicaragua Schutz gewähren würde. Die United Fruit, der die Operationen der Truppen Sandinos einen Schaden von einigen Millionen Dollar hinterlassen hatten, war nämlich mit der Bitte um Schutz an das State Departement herangetreten. Der Entschluß der USA, ihre Truppen aus Nicaragua abzuziehen, war nun unumstößlich.

Das Schattenkabinett Moncadas gerät vollends in Auflösung. Am 31. März 1931 wird Managua vollkommen von einem Erdbeben zerstört. Der wirkliche Herrscher über das Land ist jetzt der Marinekommandant.

In den Jahren 1931 und 1932 nimmt Sandinos Kampf nationale Ausmaße an. Sandinos Truppen haben ihr Operationsfeld, ausgenommen das Pazifikgebiet um die Hauptstadt Managua, auf alle anderen Teile des Landes ausgedehnt, um nicht von Las Segovias zu sprechen, das seit langem vollständig unter ihrer Kontrolle war. Sandinos Soldatenkolonnen drangen zum einen bis nach Santo Domingo de Chontales vor, einer Gegend der Viehzucht und des Bergbaus in den östlichen Hochebenen des Großen Sees von Nicaragua, zum anderen bis Ciudad Rama, dem Flußhafen des Atlantiks im Südosten, am Zusammenfluß der beiden Nebenarme, die den Escondido bilden. Im November 1931 besetzten sie Chichigalpa an der Westküste, eine Stadt an der Eisenbahnlinie zur Hauptstadt, was einer Depesche des US-Botschafters in Managua zufolge die ganze Stadt in helle Aufregung versetzte. Am 2. Oktober 1932 eroberten sie San Francisco del Carnicero am Nordufer des Sees von Managua.

Währenddessen versucht man, die Staatsgeschäfte mit Hilfe des State Departements in Ordnung zu bringen. Die liberale Partei schlägt einen so oft übergangenen Anwärter als Präsidentschaftskandidaten vor: Dr. Juan Bautista Sacasa, der gerade aus Washington, wo man ihm den höchsten Segen erteilt hatte, zurückgekommen war. Der Kongreß der USA lehnte es ab, Mittel zur Finanzierung dieser neuen Wahlen zu bewilligen.

Als die Wahlen näherrückten, stellte der Botschafter der USA den beiden traditionellen Parteien eine Reihe von Bedingungen: Eine war, daß nach dem Rückzug der Okkupationstruppen im kommenden Januar nach gemeinsamer Absprache ein Chefkommandant der Nationalgarde ernannt würde, der zum erstenmal ein Nicaraguaner sein sollte.

Sacasa gewann wie erwartet im November 1932 die Wahlen. Der Kandidat des US-Botschafters für das Oberkommando der Nationalgarde ist ein politischer Neffe Sacasas, General Anastasio Somoza.

Somoza hatte in einer Business-School von Boston, Massachussets, studiert. Sein Englisch hatte viel vom Slang der Taxichauffeure, was dem US-Botschafter in Nicaragua, einem alten Mann namens Hanna, und seiner Frau, die nicht ganz so alt war wie er, besonders gefiel. Somoza, ein gerngesehener Gast der Botschaft, hatte sich nach seinem Angriff auf die Garnison San Marcos in seinem Heimatdorf zu Beginn des konstitutionalistischen Krieges, den die konservativen Truppen zurückgeschlagen hatten, selbst zum General ernannt.

Von den vielen Machtposten, die die Marines nach ihrem Rückzug vererbten, war der Oberbefehl über die Nationalgarde die wichtigste Schlüsselposition: Nicaragua hatte zum erstenmal ein Berufsheer, das aufgrund seiner institutionellen Beschaffenheit und der politischen Bedingungen des Landes, nach über zwanzig Jahren ausländischer Interventionspolitik war es innerlich zerrissen, eine entscheidende politische Rolle spielen sollte. Es war ein Heer, das zu dem Ziel bewaffnet und ausgebildet war, eine Okkupationsmacht im eigenen Land zu bilden.

Am ersten Tag des Januars 1933 schiffte sich das letzte Kontingent der US-Kriegsmarine im Hafen von Corinto ein. In sechs Jahren einsamen, heldenmütigen Kampfes hatte eine Handvoll Bauern, die auf Leben und Tod für die nationale Unabhängigkeit kämpften, allen Entbehrungen und harten Bedingungen des Lebens in den Bergen zum Trotz, diesen Sieg errungen. Sandino war sofort bereit, sein gegebenes Wort einzulösen, daß er seinen Kampf an dem Tag einstellen werde, an dem der letzte ausländische Soldat abgezogen sei. Er erklärte sich sofort zu Verhandlungen bereit. Das Schreiben, das seine Friedensbedingungen enthielt, war seit Dezember 1932 in den Händen seiner Gewährsmänner und wurde Sacasa übergeben, der sein Amt am gleichen Tag übernahm, an dem die Marines sich einschifften.

Die Regierung sandte eine Abordnung unter Leitung des Arbeitsministers Sofonías Salvatierra, eines Intellektuellen und Gewerk-schaftsführers, zu Friedensgesprächen in die Segovianer Berge. Am 23. Januar 1933 wurde die Einstellung der Kriegshandlungen be-kanntgegeben, und am 2. Februar traf General Sandino mit dem Flugzeug in Managua ein, um mit Präsident Sacasa über die Friedensbedingungen zu verhandeln.

Sandino wird ein begeisterter Empfang am Flughafen und in den Straßen von Managua bereitet. Jeder will den Mann sehen, der, von so kleiner Statur und so einfachem Wesen, eine so unglaubliche Tat vollbracht hat. Dieser General der Unterdrückten, in dessen Jungengesicht sich die Spuren des harten Kampfes abzeichneten, hatte für viele ein Recht erkämpft, um das sich die Politiker, die sich den Interessen der USA ausgeliefert hatten, niemals sorgten: das Recht der nationalen Unabhängigkeit, das Recht, sich Nicara-guaner nennen zu dürfen, Mittelamerikaner, Lateinamerikaner, das Recht, die koloniale Unterwerfung unter ein fremdes Imperium zu beenden.

Am 2. Februar, um Mitternacht, wurde das Friedensabkommen im Palast des Präsidenten unterzeichnet. Sandino wurde aufgefordert, in der Stadt zu bleiben und die Ehrerbietungen entgegenzunehmen. Doch er lehnte ab, er wäre kein Mensch der Festlichkeiten und wolle lieber in die Berge zurückkehren, wo seine Männer, wie so oft, auf ihn warteten.

Am 22. Februar 1933 legte das Verteidigungsheer der Nationalen Unabhängigkeit Nicaraguas offiziell die Waffen nieder. Aus fernen und versteckten Orten zogen die Kolonnen nach San Rafael del Norte, alte Männer und fast noch Kinder, in Lumpen gekleidet, staubbedeckt, barfuß. Viele kamen zu Fuß mit ihren alten Gewe-ren, andere wenige zu Pferd, ihre roten und schwarzen Fahnen auf einem Stock schwenkend. In strengster Disziplin legten sie ihre Waffen am bezeichneten Ort nieder, um dann ohne eine Belohnung, die sie auch niemals erwartet hatten, in ihre Dörfer, zu ihren Fa-milien zurückzukehren. Es waren Tausende von Männern, deren einziger Preis dieser Sieg war.

Sandino wählte hundert seiner Männer als Leibwache aus, die ihm nach den Friedensbestimmungen garantiert war. Mit ihnen wollte er sich in die Urwaldgegenden von Wiwilí am Coco zurückziehen, um dort eine landwirtschaftliche und eine Bergbaugenossenschaft unter den Bauern zu organisieren.

Trotz aller Friedensbeteuerungen und Festlichkeiten gab es für

Sandino immer einen strittigen Punkt. Es war ihm nicht unbemerkt geblieben, daß die Nationalgarde, deren Feindseligkeiten gegenüber den Männern Sandinos, die ihr so große Niederlagen bereitet hatten, unvermindert anhielten, die Rolle einer Besatzungsmacht zu spielen begann. Sie machte das ganze Jahr 1933 über Jagd auf die Anhänger Sandinos in den Dörfern, in die sie zurückgekehrt waren, und verhaftete sie. Die Ortschaften, in denen die Bauern begannen, Kooperativen zu bilden, wurden überfallen, und es kam manchmal zu regelrechten Feuergefechten.

Präsident Sacasa war ein schwacher, unentschiedener Mann, der nicht imstande war, das Heer unter seine Kontrolle zu bringen. Sandino fuhr mehrmals nach Managua, um mit Sacasa über all die Schwierigkeiten zu sprechen, und jedesmal erklärte er in den Zeitungen, daß er die Nationalgarde als eine Armee betrachte, die am Rande der politischen Konstitution und ihrer Gesetze bestehe, da sie widerrechtlich von einer ausländischen Interventionsmacht geschaffen worden sei. Das letzte Mal reiste Sandino im Februar 1934 nach Managua.

VI

Als Sandino in der Nacht des 21. Februar nach einem Essen mit Präsident Sacasa den Präsidentenpalast verließ, wurde das Auto, in dem er zusammen mit seinem Vater, dem Minister Salvatierra und den Generälen Estrada und Umanzor saß, vor der Garnison des Marsfeldes von einer Patrouille angehalten.

Alle wurden aufgefordert, aus dem Auto zu steigen. Salvatierra und der Vater Sandinos wurden gefangengenommen und getrennt weggeführt, die drei Generäle in eine andere Richtung abtransportiert.

Am Vortag hatte Präsident Sacasa eine Verfügung unterzeichnet, nach der ein General Sandinos, Horacio Portocarrero, zum Militärdelegierten des Präsidenten in den Segovianer Norddepartements ernannt wurde. Damit hatte sich Sacasa entschlossen, seine Autorität, die vom Chef der Nationalgarde unterminiert wurde, zu zeigen und zugleich Sandino eine Garantie zu geben, daß Ruhe in seinen Genossenschaften herrschte.

Doch Somoza, der diese Maßnahme als einen tödlichen Anschlag auf seinen Machtanspruch ansah, rief eiligst die Offiziere seiner Nationalgarde zusammen und erklärte ihnen, daß er gerade von einer Unterredung mit dem US-Botschafter Bliss Lane käme, der ihm alle Vollmachten gegeben hätte, mit Sandino Schluß zu machen. Somoza verkündete damit faktisch seinen Offizieren das Todesurteil über Sandino, und alle beeilten sich, ihre Zustimmung zu geben.

Als Don Gregorio, der Vater Sandinos, in der Nacht von seiner Zelle aus Schüsse in der Ferne hörte, sagte er zu Salvatierra: »Jetzt haben sie ihn schon getötet. Der, der ein Erlöser sein will, stirbt am Kreuz.«

Jene Schüsse aber waren Schüsse auf Salvatierras Haus, wo Sandino und seine Männer gewohnt hatten. Sócrates, der jüngste Bruder Sandinos, wurde hier getötet. Die drei Generäle wurden zu ihrem Hinrichtungsplatz außerhalb der Stadt, in der Nähe des Flugplatzes, gebracht und dort erschossen.

Sie mußten sich vor eine frisch ausgehobene Grube stellen, und hier wurden sie, im Licht der Scheinwerfer eines Lastwagens, der ihre unbeweglichen Gesichter erleuchtete, mit Maschinengewehr- und Gewehrsalven erschossen. Ihr Körper wurden der Kleidung und der persönlichen Gegenstände, Uhren, Ringe, Tücher, die am folgenden Tag in Managua als Kuriosität verkauft wurden, entledigt und in das gemeinsame Grab geworfen. Der Ort ihres Grabes wurde als Staatsgeheimnis bewahrt.

Wenn sie jedoch glaubten, diese Männer mit Gewehrsalven töten zu können, wie Ernesto Cardenal in seinem Buch »Die Stunde O« schrieb, so taten sie doch nichts anderes, als ein Samenkorn unter die Erde zu bringen.

Am nächsten Tag unternahmen die Patrouillen der Nationalgarde einen Überraschungsüberfall auf die landwirtschaftlichen Genossenschaften am Coco. Mehr als dreihundert Bauern wurden getötet. Der letzte, der Widerstand leistete, war General Pedro Altamirano, der erst Monate später verraten und getötet wurde. Sein Kopf wurde nach Managua gebracht und dort zur Schau gestellt.

Somoza, der auf einem Bankett in Granada, kaum zwei Monate nach dem Mord, zugab, daß er ihn »zum Wohle Nicaraguas« mit dem Rückhalt der allgegenwärtigen US-Botschaft befohlen hatte, kann 1936 seinen Lohn in Empfang nehmen: Er besiegt seinen politischen Onkel Sacasa und läßt sich zum Präsidenten wählen, mit größerem Glück als seinerzeit General Chamorro; denn er läßt sich nach und nach, über einen Zeitraum von zwanzig Jahren, wählen, bis zum 21. September 1956, als ein junger Dichter und Handwerker aus León, Rigoberto López Pérez, ihn auf einem Fest zu Beginn einer neuen Präsidentschaftsperiode mit Schüssen niederstreckte. Seine Macht aber, die ihm die militärische Intervention beschert hatte, ging auf seine beiden Söhne über, und der Name Sandino bleibt weiterhin in Nicaragua verboten.

Sandino sagte einmal, daß er, wenn er von feindlichen Interventionstruppen umzingelt und eingeschlossen wäre und keine andere Wahl als die Kapitulation oder den Tod hätte, mit eigener Hand eine Ladung Dynamit, die er immer bereithielt, zünden würde, damit diese Explosion, wenn sie ihn in Stücke riß, als ein Zeugnis seines Opfers den kommenden Generationen immer im Gedächtnis blieb.

Der sechsjährige Kampf, den General Sandino führte, ist das historische Ergebnis einer Jahrhunderte währenden Herrschaft ausländischer Mächte über sein Land und der Unterwerfung und der Auslieferung der einheimischen herrschenden Gruppen an die Interessen der ausländischen Mächte. Er ist auch, wie ein Dichter sagte, *eine zukunftsgeladene Waffe.*

Sandinos Soldaten, die auf Leben und Tod mit ihren Macheten kämpften, Bomben aus leeren Sardinenbüchsen herstellten, indem sie sie mit Steinen und Eisensplittern füllten, die feindlichen Flugzeuge fast mit Steinwürfen herunterholten, stellten eine Möglichkeit unter Beweis, die vor der Aufstellung ihres Volksheeres in den Wechselfällen der lateinamerikanischen Geschichte verborgen geblieben war, nämlich die wunderbare Möglichkeit, daß Bauern mit ihren Führern, mit ihren eigenen Taktiken, mit ihren Ideen, einen Befreiungskampf für ihre nationale Unabhängigkeit führen können.

Wir können nicht erwarten, bei Sandino ein wissenschaftlich fundiertes politisches Denken zu finden. Ein Handwerker, der sein Werkzeug beiseitelegte, um direkt in den Kampf einzugreifen, wird wohl schwer eine Gelegenheit dazu gefunden haben. Doch eben weil sein Denken das Resultat seiner Erfahrungen im Befreiungskampf ist und durch die Bedingungen des Kampfes selbst geprägt wurde, sind seine Gedanken und die Form, wie sie zum Ausdruck gebracht werden, frei von der traditionellen Rhetorik der lateinamerikanischen Politiker des 19. Jahrhunderts. Sandinos Denken hört auf, Ideologie zu sein, und gewinnt eine andere Dimension. Seine Worte erhalten ihre tiefe politische Bedeutung, indem sie Ausdruck einer Wahrheit sind, die alle Listen und Schliche, alle Täuschungsmanöver und Doppelzüngigkeiten ausschließt. Sie drücken einen Kampf auf Leben und Tod mit dem Imperialismus aus.

Wenn das Denken Sandinos als verbaler Ausdruck seines Kampfes ein gemeinsames Merkmal hat, dann ist es sein unversöhnlicher Antiimperialismus. Jeder Soldat seines Heeres, auch der jüngste im »Chor der Engel«, wußte und fühlte, daß die Kämpfe und Opfer ihr letztes Ziel immer darin hatten, gegen den Imperialismus zu kämpfen.

Immer wieder rühren die antiimperialistischen Zielstellungen seines Kampfes und seines Denkens mit dem Ruf nach Gerechtigkeit an den Grund der Dinge, der lange Zeit im Herzen der Lateinamerikaner verschüttet war, über die Jahrhunderte unterdrückt, weil diese Unterdrückung nichts anderes als das Resultat der imperialistischen Herrschaft selbst ist. Nicht umsonst waren diejenigen, die zu den Waffen griffen und sich gegen die Kriegsmarine erhoben, Bauern ohne Land, Tagelöhner, Gelegenheitsarbeiter, kleine Pachtbauern, die seit der Zeit der kolonialen Eroberung unterdrückt und ausgebeutet worden waren.

Sandino war in seinem Kampf international isoliert, er wurde zwar überhäuft von Versprechungen, von überschwenglichen Hilfsangeboten, aber damit konnte er auch nicht eine Patrone kaufen. Später dann, als Sandino nach Unterzeichnung des Friedensvertrages sein gegebenes Wort einlöste, die Waffen nach Abzug der Marines aus Nicaragua niederzulegen, blieb er allein mit seinen waffenlosen Soldaten. Die politischen Freunde in Schlips und Kragen waren ehrenwerte Männer, doch politisch auf die liberalen Maße des 19. Jahrhunderts zugeschnitten. Und man kann nicht aufhören zu staunen, wie unter ihnen die Präsidentschaftskandidaten florierten. Nicht umsonst waren die letzten Worte Sandinos vor dem Exekutivkommando: »Meine Politiker haben mich hinters Licht geführt.« »Einfachheit eines Arbeiters und sein Herz eines Patrioten«, die von Anfang an seinem Kampf ein Ziel gaben: die Vertreibung der ausländischen Interventen aus seinem Land, lassen ihn nach der Erringung des Sieges die Wachsamkeit verringern, und in diesem Moment wird er ermordet.

Auf den folgenden Seiten sind Sandinos Briefe, Aufrufe, Manifeste und Interviews chronologisch geordnet, so daß der Leser mit Hilfe dieser Unterlagen die Entwicklung des Kampfes verfolgen kann.

Angefangen bei den Berichten über den konstitutionalistischen Krieg, der Sandinos spätere Haltung entscheidend mitbestimmte, bis zu seinen letzten Erklärungen in den Zeitungen von Managua, einen Tag vor seiner Ermordung. Wir finden Kriegsberichte, den Briefwechsel mit seinen Generälen an den Kriegsfronten, die Briefe an Freunde und Korrespondenten im Ausland, politische Manifeste. Zum besseren Verständnis sind auch, wenn es sich als notwendig erwies, andere Dokumente aufgenommen, so die Aufforderung der Marines zur Kapitulation oder Briefe von Sandinos Soldaten, die andere Seiten des Kampfes beleuchten und wichtig sind, um das Spektrum des Krieges vollständig zu verstehen.

Ein wichtiges, bisher unveröffentlichtes Dokument ist die Beschreibung der Ermordung Sandinos bis in alle Einzelheiten. Es handelt sich um zwei Briefe, die der Offizier der Nationalgarde, Leutnant Abelardo Cuadra, aus dem Gefängnis »La 21« in León an seinen Bruder schrieb. Dieser wurde 1936 nach einer versuchten Rebellion gegen Somoza zum Tode verurteilt, seine Strafe wurde dann aber in lebenslängliche Haft umgewandelt.

Auf den folgenden Seiten sehen wir, daß General Sandino ganz im Gegensatz zu allen Behauptungen seiner Mörder lebt und sein Kampfeswille die Waffen der Zukunft lädt. Wir sehen, daß sein Leben sich in anderen Leben fortsetzt.

Wie wenn das Wasser eines Ozeans sich in den anderen ergießt. Und hoch oben allein die Vulkane.

1. Die Rückkehr nach Nicaragua
(Mai–Juni 1926)

Um das Jahr 1925 glaubte ich schon alles in Nicaragua verloren. Ich fand, daß in meinem Land alles zu Schmach und Schande geworden sei und daß jedes Ehrgefühl die Menschen dieses Erdstrichs verlassen habe. Zu dieser Zeit war es mir in meinem offenen Wesen gelungen, mich mit einer Schar gleichgesinnter Freunde zu umgeben, mit denen ich Tag für Tag über die Versklavung unserer lateinamerikanischen Völker durch das mörderische Yankee-Imperium in seiner scheinheiligen oder offen gewaltsamen Machtausbreitung sprach. An einem dieser Tage sagte ich zu meinen Freunden, daß Nicaragua seine absolute Souveränität, die durch das Yankee-Imperium bedroht war, wiedererlangen könnte, wenn es in ihm auch nur hundert Männer gäbe, die es wie ich liebten. Meine Freunde erwiderten, daß es in Nicaragua möglicherweise diese Zahl von Männern oder gar mehr gäbe, die Schwierigkeit aber darin bestünde, wie wir uns erkennen könnten.
Die Intervention war auch ein Grund dafür, daß die anderen Völker Mittelamerikas und Mexikos uns Nicaraguaner haßten. Diesen Haß mußte ich bei meinen Reisen durch diese Länder am eigenen Leib erleben.
Ich fühle mich zutiefst verletzt, wenn man zu mir sagte: »Vaterlandsverkäufer, Schamloser, Verräter.«
Anfangs reagierte ich darauf, daß ich mich, da ich ja kein Staatsmann sei, auch nicht als anspruchsberechtigt auf so entehrende Titel betrachte, aber dann dachte ich tiefer darüber nach und begriff, daß das stimmte, denn als Nicaraguaner hatte ich das Recht, mich dagegen aufzulehnen. In dieser Zeit erfuhr ich, daß eine revolutionäre Bewegung in Nicaragua ausgebrochen war. Ich arbeitete gerade bei der Huasteca Petroleum Company in Tampico. Wir hatten den 15. Mai 1926. Ich besaß einige Ersparnisse, die sich auf fünftausend Dollar beliefen.
Von diesen Ersparnissen nahm ich dreitausend Dollar und ging nach Managua. Ich informierte mich genau über alles, was geschehen war, und ging dann in die Bergwerke von San Albino arbeiten. Hier wurde ich zum aktiven politischen Leben geboren, dessen Einzelheiten allen bekannt sind.
Von diesem Moment an suchte ich nach den hundert Männern, und der Zufall wollte es, daß ich die Haltung einnehme, in der man

mich jetzt sieht. Ich blicke mich aufmerksam um, wo die hundert legitimen Söhne Nicaraguas zu finden sind.

(GAB, S. 35, und SGTS, Brief vom 4. August 1929)

2. Der konstitutionalistische Krieg
(1926–1927)

Nicaragua wird nur unter Kugeln frei werden und um den Preis unseres eigenen Bluts, haben wir gesagt. Dieses Gesindel von Politikern, das sich um die Peitsche des Eindringlings streitet, wird aus eigener Schuld in einer nicht sehr fernen Zukunft verjagt werden, und das Volk wird die Zügel der Macht über die Nation in seine Hände nehmen.

Der Unterzeichnende und sein Heer sind nur das natürliche Resultat der verworrenen und verbrecherischen Außenpolitik der USA in Nicaragua, die zum Schaden des amerikanischen Volkes selbst ist. Wir sind in unserem eigenen Land angegriffen worden, darum sind wir für nichts verantwortlich.

Ich halte es für angebracht, folgendes zu erklären: Ich bin am 18. Mai 1895 in einem kleinen Dorf im Departement von Masaya geboren. Ich wuchs unter den allergrößten Entbehrungen auf und hatte mir niemals vorgestellt, im Namen des Volkes von Nicaragua die Haltung einzunehmen, die ich jetzt vertrete, bis ich angesichts der widerrechtlichen Handlungen der USA in Nicaragua am 18. Mai 1926 beschloß, Tampico in Mexiko, wo ich für eine Yankee-Gesellschaft arbeitete, zu verlassen und in das Konstitutionalistische Heer von Nicaragua einzutreten, das gegen das von den Yankee-Bankiers unserer Republik aufgezwungene Regime kämpfte.

Als ich Mexiko verließ, um zu diesem privilegierten Landstrich zurückzukehren, hatte ich noch keine Vorstellung von der schrecklichen und schwierigen Aufgabe, die mich erwartete. Die Ereignisse selbst gaben mir den Schlüssel für die Haltung, die ich als legitimer Sohn Nicaraguas und in Vertretung der reinsten Gefühle unseres Volkes einzunehmen hatte, angesichts des Wankelmuts und der Feigheit unserer politischen Führer.

Mein Glaube, meine Einfachheit eines Arbeiters und mein patrioti-

51

sches Herz erfuhren ihre erste politische Überraschung, als ich nach einigen Kämpfen gegen die Interventionstruppen in Las Segovias nach Puerto Cabezas ging, um dort Waffen und Munition zu holen, denn in Puerto Cabezas befand sich unsere Konstitutionelle Regierung mit Doktor Juan Bautista Sacasa an der Spitze. Ich sprach mit selbigem Doktor und erhielt zur Antwort, daß mein Fall mit General Moncada besprochen werden müßte. Dieser lehnte rundweg ab. Ich blieb in jenem Hafen vierzig Tage und wurde von einem Tag auf den anderen vertröstet, denn die Minister Sacasas waren alle von dem Ehrgeiz besessen, Präsident zu werden. Über einen dritten erfuhr ich, daß sie darüber berieten, die Truppenteile nach Las Segovias unter dem Oberbefehl eines General Adrián Espinosa zu schicken und mir vorzuschlagen, besagten General zu begleiten, allerdings unter der Bedingung, daß ich für den Präsidentschaftskandidaten, den man mir nennen würde, Propaganda machen sollte. Unterdessen hatten die nordamerikanischen Piraten von Sacasa am 24. Dezember 1926 verlangt, daß die Truppen mitsamt dem Kriegsmaterial binnen vierundzwanzig Stunden den Hafen zu verlassen hätten. Sacasa war es nicht gelungen, die Waffen in Sicherheit zu bringen, und so warfen die Piraten sie ins Wasser. Die Ehrenwache Sacasas flüchtete aufgelöst nach Prinzapolka, einige zu Wasser, andere zu Land. Zurück blieben Sacasa und seine Minister, eingeschlossen von einem Feldlager des Yankee-Heeres, das sie belagerte. Ich folgte mit meinen sechs Adjutanten der Wache Sacasas nach, mit uns kam eine Schar Mädchen der freien Liebe und half uns, die Waffen und die Munition aus dem Wasser zu fischen, in dem von den Invasoren abgegrenzten Umkreis. Es waren im ganzen dreißig Gewehre und siebentausend Schuß Munition. Die Feigheit unserer politischen Führer hatte unerwartete Ausmaße angenommen, und jetzt hatte ich begriffen, daß wir Söhne des Volkes ohne Führer waren und daß es an neuen Männern fehlte.

Ich ging nach Prinzapolka und sprach mit Moncada, der mich geringschätzig empfing und mir befahl, die Waffen einem General Eliseo Duarte zu übergeben, worauf ich meine unverzügliche Rückkehr nach Las Segovias vorbereitete. Doch dann kamen die Doktoren Arturo Vaca und Onofre Sandoval und handelten mit Moncada aus, daß mir die 30 Gewehre und die 7 000 Schuß Munition gelassen werden sollten, die ich selbst transportiert hatte. Dem stimmte Moncada abfällig zu.

Als ich am 2. Februar 1927 nach Las Segovias zurückkehrte, fand ich mich vor die Tatsache gestellt, daß die Konservativen in Chinandega die liberalen Truppen unter Oberbefehl von General Francisco Parajón vernichtend geschlagen hatten und daß dieser und seine Chefs in die Republik San Salvador geflüchtet waren.

Die Männer aus Las Segovias erwarteten mich voller Begeisterung in der Zone um El Chipote. Ich übergab ihnen die 30 Gewehre und 7 000 Kugeln, die wir zwei Tage später im Kampf verwendeten, als wir unseren ersten Sieg in San Juan errangen. Der Feind zog wegen Proviantmangel aus Ocotal ab, und wir besetzen den Ort. Dort traf ich mit General Camilo López Irías zusammen, der damit beschäftigt war, die verstreuten Truppenteile zu sammeln, die General Parajón in Chinandega verlassen hatte.

Wir kamen mit López Irías überein, daß er Estelí besetzen sollte, aus dem der Feind auch abgezogen war, und daß ich mit meinen Leuten im Kampf Jinotega einnehmen sollte.

In Ocotal ließen wir Truppeneinheiten und eine Zivilverwaltung zurück.

López Irías konnte seine Kolonne schnell vergrößern, und wenige Tage später überraschte er den Feind an dem Ort, der mit seinem Spitznamen »Chagüitillo« heißt. Er erbeutete einen wertvollen Kriegszug, der aber nicht lange in seiner Gewalt blieb, denn der Feind, der in der Überzahl war, eroberte ihn wieder zurück, rieb seine Kolonne auf, und López Irías flüchtete nach Honduras.

Der Feind besetzte die Ortschaften Estelí und Jinotega, und jetzt gab es keine organisierten Kolonnen des Liberalismus mehr, weder im Westen noch in den nördlichen Departements, mit Ausnahme meiner Kolonne aus Las Segovias, die unbeirrbar in San Rafael del Norte blieb, ungeachtet der Tatsache, daß mir ein General namens Carlos Vargas aus der Kolonne General López Irías riet, jene Orte zu meiden, da wir vom Feind eingekreist seien. Vargas hatte eine Niederlage erlitten, und so waren er und sein Chef eingeschüchtert, obwohl sie den Heldenmut gesehen hatten, mit dem meine Jungens von der Kavallerie, die ich ihnen zu Hilfe geschickt hatte, kämpften, den Feind von seiner Flanke her besiegten und von ihm Proviant und Munition erbeuteten.

Der Feind hatte das ganze Landesinnere unter seiner Kontrolle und sammelte einen großen Teil seiner Truppen zum Angriff auf unsere Kolonnen, die unter dem Oberbefehl der Generäle Luis Beltrán Sandoval, José María Moncada und anderer konstitutionalistischer Chefs vom Atlantik her kamen.

Diese Tage waren für das Liberale Heer Tage der Verzweiflung. Ich erhielt ein Schreiben Moncadas von »Tierra Azul« aus, das allerdings von Luis Beltrán Sandoval unterzeichnet war, in dem er mir Anweisung gab, daß ich mit den Truppenteilen, die unter meiner Befehlsgewalt standen, an den Ort kommen sollte, wo sie sich befanden, sonst würden sie mich für die Niederlage des Liberalen Heeres verantwortlich machen. (Dieses famose Schreiben befindet sich in meinen Händen. In jenen Tagen war der Sekretär Moncadas General Heberto Correra, dem einiges mehr über die Angelegenheit bekannt sein wird.)

Ich für meinen Teil wäre nur so geflogen, um Moncada und seine Männer aus der verzweifelten Lage, in der sie sich befanden, zu retten, doch meine Kolonne war relativ klein, und wir hatten fast täglich Kämpfe zu liefern. Immerhin schickte ich ihnen 150 Männer aus El Chipote unter der Befehlsgewalt der Obersten Simón Cantarero und Pompilio Reyes. Sie waren ohne Waffen, nur unter dem Schutz von acht Gewehren. Sie hatten Anweisung, sich unter die Befehlsgewalt General Moncadas zu stellen und auf den Tag zu warten, an dem ich mich ihnen anschließen würde. Die Truppe brach auf und marschierte in der gleichen Nacht von Yucapuca zum Angriff auf Jinotega. Um fünf Uhr morgens hatten wir das Dorf umstellt, das uns in dem Weiß seiner Wände, die in ein Laken durchsichtigen Nebels gehüllt waren, und in den ersten schwachen Strahlen des Tageslichts in der sanften Ruhe, in der es schlief, einen Moment innehalten ließ. Wenige Minuten später begann der blutige Kampf, der um fünf Uhr nachmittags mit dem Sieg unserer Freiheitswaffen endete. Wir erbeuteten vom Feind alles Kriegsmaterial, über das er an diesem Ort verfügte.

Im feindlichen Heer hatte sich bereits Furcht vor unserer Kolonne ausgebreitet, denn die Hochebenen von »Yucapuca« und »Saragusca« waren von den Toten aus den früheren Kämpfen übersät.

Unsere Segovianer Kolonne bestand jetzt aus 800 Mann Kavallerie, die sehr gut ausgerüstet waren, und unsere rote und schwarze Fahne wehte majestätisch auf den wilden und kalten Hochebenen.

Meine 150 Mann retteten den Kriegszug Moncadas, der beinahe in die Hände des Feindes gefallen wäre. Unterdessen verschwand General López Irías endgültig aus Las Segovias. In diesen Tagen erfuhren wir auch, daß General Parajón im Westen seine Truppen neu formierte. Unverzüglich ließen wir von Jinotega aus diesem

General eine Nachricht zukommen, in der wir ihn einluden, mit seinen Männern nach Jinotega zu kommen, um gemeinsam die Rettung Moncadas vorzubereiten.

Parajón erhielt meine Nachricht, und in der ersten Hälfte des Aprils jenes Jahres 1927 kam er mit seinen Truppen nach Jinotega, wo wir ihn mit Triumphmärschen empfingen und am gleichen Abend ihm zu Ehren ein Konzert im Park der Stadt veranstalteten.

Am folgenden Tag überließen wir Parajón die Befehlsgewalt über Jinotega, und ich ritt mit meinen 800 Mann Kavallerie los, um Moncada zu befreien, der beim massiven Vorstoß des Feindes sogar die Kanonen zurückgelassen hatte.

Auf dem Weg von Jinotega nach »Las Mercedes«, wo wir zu Moncada vorstießen, gab es zwei leichte Kämpfe in San Ramón und in Samulalí.

In Jinotega versammelten sich nach meinem Aufbruch die Generäle Parajón, Castro Wasmer und López Irías und schlossen sich zu einer Kolonne zusammen, mit der sie mir auf dem Fuß folgten.

An einem Nachmittag in der letzten Aprilwoche, wir waren dicht vor »El Bejuco«, machte die Spitze unserer Kavallerie halt, denn es gab deutliche Anzeichen, daß der Feind nicht mehr weit war.

In der Tat hatten wir den Feind dicht vor uns, und unsere gesamte Kavallerie ging in Position. Ich gab Oberst Porfirio Sánchez H. den Befehl, mit 50 Mann Kavallerie den Feind zu orten, und sagte gleichzeitig zu den Generälen Parajón, Castro Wasmer und López Irías, daß sie mit ihren Truppen eine Feuerlinie bilden sollten, was sie auch sofort taten.

Zehn Minuten später war ein geräuschvoller Kampf zwischen unserer Kavallerie und dem Feind in Gang, in dem der Feind eine große Anzahl von Maschinengewehren eingesetzt hatte. Ich gab dann Oberst Ignacio Talaverna, Chef der ersten Kompanie unserer Kavallerie, den Befehl, mit seiner Truppe Oberst Porfirio Sánchez H. zu decken. Ich wartete auf die Ankunft der Generäle Parajón, Castro Wasmer und López Irías, die nur in Begleitung ihrer Adjutanten kamen. Ich legte ihnen meine Meinung dar und sagte ihnen gleichzeitig, daß ich persönlich meine 150 Mann holen wollte. Besagte Generäle blieben an dem Ort, wo wir uns versammelt hatten, zurück, und ich ritt los.

Ich war noch nicht sehr weit gekommen, als ich auf meine Leute stieß, die voller Begeisterung waren, hatten sie doch das Hauptquartier des Feindes, das Moncada in Schach gehalten hatte, gestürmt. Wir gelangten zum Lazarett, wo wir viele Verwundete vorfanden, die uns berichteten, daß die Kommandeure der feindlichen Truppen, die konservativen Generäle Bartolomé Vázquez, Marcos Potozme, Carlos Chamorro Chamorro, Benavente, Baquedano, Alfredo Noguera Gómez und andere, an deren Namen ich mich jetzt nicht erinnern kann, sind. Wir erbeuteten mehrere Tausend Gewehre und mehrere Millionen Schuß Munition. Die Truppe von Castro Wasmer nutzte die Gelegenheit, ihre Ausrüstung zu vervollständigen.

Es wurde Nacht. Im Morgengrauen entdeckten wir auf der Spitze eines Berges einige kleine rote Fahnen, und ich machte mich mit 100 Mann auf, um sie von nahem zu besehen. Aber bevor wir noch dort ankamen, stießen wir auf drei Männer von Moncadas Truppe. Sie begleiteten uns bis zum Quartier Moncadas.

Die Truppen von der Küste stießen begeisterte Hochrufe auf Sandino und seine Kolonne aus. Als ich ins Quartier kam, saßen dort bereits Castro Wasmer und Moncada in einer Hängematte, aber ein Soldat beeilte sich, mir zu erklären, daß Castro Wasmer zu Moncada gesagt habe, daß es ihn große Anstrengungen gekostet habe, Parajón, López Irías und Sandino bis hierher an diesen Ort durchzubringen.

Wirklich, ich fand die beiden Männer in der Hängematte vor. Moncada erhob sich mit einem ironischen Lächeln und legte mir seinen Arm auf die Schulter.

Moncada ließ einen Tagesbefehl verlesen, der verbot, daß Soldaten einer Kolonne zu einer anderen überwechselten. Damit sollte verhindert werden, daß alle die Soldaten des konstitutionalistischen Heeres, die meiner Segovianer Truppe angehören wollten, zu mir kamen.

Hinterhältig befahl mir Moncada, nach Boaco zu ziehen, wobei er mir sagte, daß seine Truppen diese Ortschaft besetzt hielten, was nicht stimmte. Er wollte nur, daß die Kolonne des Oberst José Campos, den Moncada auf dem Weg postiert hatte, den ich nachts zurücklegen mußte, mich ermordete. Als ich mich mit besagtem Oberst in Verbindung setzte, sagte er mir, daß Moncada ihm nicht mitgeteilt habe, daß ich dort vorbeikommen würde, und daß er deshalb in der vergangenen Nacht die Maschinengewehre auf mich gerichtet hatte, denn er nahm an, daß es sich um einen Feind handelte.

Als ich in die Nähe von Boaco gelangte, wo ich Moncadas Truppen zu finden glaubte, trieb uns der Feind unter einem wahren Kugelregen zurück. Ich sah mich gezwungen, in Stellung zu gehen. Dann schickte ich einen Kurier zu Moncada mit der Meldung, daß in Boaco alle konservativen Truppen, denen wir in »Las Mercedes« eine Niederlage bereitet hatten, versammelt seien und daß er neue Befehle erteilen solle, denn es träfe nicht zu, daß Truppen seines Kommandos den Ort besetzt hielten.

Der Kurier kam mit der Nachricht zurück, daß Moncada »Las Mercedes« in Richtung Boaquito verlassen habe. Ich machte mit meiner Kolonne kehrt und folgte ihm solange, bis ich zu ihm stieß, und jetzt teilte mir Oberst José Campos das oben Gesagte mit.

In Boaquito gab mir Moncada den Befehl, mit meiner Kolonne die Anhöhe »El Común« zu stürmen. Hier blieb ich bis zu dem Tag, an dem Moncada in »El Espino Negro« von Tipitapa dem nicaraguanischen Liberalismus den Hals umdrehte.

Wir haben über alles, was zwischen diesem Tag und heute geschah, bereits unsere Meinung gesagt, und die aufmerksame Öffentlichkeit hat unsere Haltung auf ihre Richtigkeit überprüfen können.

Wie gesagt, als ich im Mai 1926 Mexiko verließ, um nach Nicaragua zurückzukehren, tat ich es in dem Glauben, daß der nicaraguanische Liberalismus für die Wiedererlangung unserer nationalen Unabhängigkeit kämpfte, die durch den widerrechtlichen Bryan-Chamorro-Pakt, Söhnen der verbrecherischen internationalen Politik der USA, ernsthaft gefährdet war.

Dann allerdings, als wir uns schon auf der Bühne der Ereignisse selbst befanden, sahen wir uns vor die Tatsache gestellt, daß die konservativen und die liberalen politischen Führer Nicaraguas feige und verräterische Kanaillen waren. [...] Wir sind von unseren politischen Führern, die sich mit den Invasoren verbündet haben, im Stich gelassen worden, aber wir Arbeiter und Bauern haben uns selbst unsere Führer geschaffen.

Hinterhältig sagen sie, daß Sandino und sein Heer »BANDITEN« sind, was besagen will, daß in noch nicht einmal zwei Jahren ganz Nicaragua ein Land von »BANDITEN« sein wird, denn unser Heer wird die Zügel der Nationalen Macht vor dieser Zeit in seine Hände genommen haben, zum besseren Wohlergehen Nicaraguas, wo dann Patrioten von Schlage eines Adolfo Díaz, Chamorro, Moncada, Cuadras Pasos und anderer keinen Platz mehr haben (AUSGENOMMEN UNTER SIEBEN FUSS ERDE).

Unsere Armee aus Arbeitern und Bauern möchte sich mit den Studenten verbrüdern, denn wir glauben, daß unser Heer und sie Männer hervorbringen, die mit neuen Ideen unser Land in ein lichtvolles Vaterland verwandeln werden, das zum Wohle sogar auch unserer Politiker alten Schlages sein wird, die, wenn sie ihre Irrtümer berichtigen, unsere Achtung verdienen können, ausgenommen obengenannte Politiker, denn sie haben mit ihrem Ehrgeiz und ihrer Habgier alle nationalen Bande zerstört.

Nicaragua wird nur unter Kugeln und um den Preis unseres eigenen Bluts frei sein.

Hauptquartier des Verteidigungsheeres der Nationalen Souveränität Nicaraguas, Las Segovias, Nic., C. A., den 4. August 1932.

Vaterland und Freiheit!

Augusto César Sandino

(XCP, S. 126, 135)

3. Rundschreiben an die lokalen Behörden aller Departements
(Yali, 12. Mai 1927)

An die Behörden aller Departements. Meine sehr verehrten Herren: Ich habe die freudige Genugtuung, Ihnen meine Grüße zu übermitteln, nachdem ich einen erfolgreichen Feldzug gegen die feindlichen Truppen zu Ende geführt habe, den ich Ihnen in großen Zügen darlegen werde, damit Ihnen die gegenwärtige politische und militärische Lage unseres Landes nicht unbekannt bleibt.

Am 11. März bin ich mit meinem Heer in Richtung auf das Quartier General Moncadas aufgebrochen. Ich hatte das Glück auf meiner Seite, denn es gelang meinem Heer, an dem Ort namens »El Bejuco« die Ketten zu sprengen, die die Revolution in Fesseln hielten. Ihre Überraschung war groß, als sie die Fahne der Freiheit mitten in ihrem Lager wehen sahen. Von diesem Moment an waren die konstitutionalistischen Truppen mit Begeisterung erfüllt, und jeden Tag gewannen wir einen Kampf. Der entscheidende Moment näherte sich. Die letzte Stunde des Konservatismus hatte geschlagen, denn das liberale Heer zählte 7 000 Mann, es war gut ausgerüstet und voller Begeisterung, während sie nur ein wenig mehr als tausend Mann zählten, die eher zum Desertieren als zum Kampf geneigt waren. Der Sieg war unser auf der ganzen Linie.

Wir hatten gesiegt, aber als wir uns zum letzten Vorstoß vorbereiteten, um im Siegeszug ins Kapitol von Managua einzuziehen,
schlug der barbarische Koloß des Nordens, das heißt die Nordamerikaner, General Moncada einen Waffenstillstand von 48 Stunden vor, um über den Frieden in Nicaragua zu verhandeln, da sie
sahen, daß die Regierungstruppen ihre Positionen verloren und da
sie ihre Abmachungen mit Adolfo Díaz hatten. Der Waffenstillstand wurde dann um weitere 48 Stunden verlängert. Als Ergebnis
der Verhandlungen wurden die folgenden Vereinbarungen getroffen: Das konservative Heer wird entwaffnet. Uns wurde eine Frist
von 8 Tagen gelassen, um auf folgender Grundlage die Waffen der
Revolution niederzulegen: Die Regierung überläßt den Liberalen
sechs Departements: Jinotega, Matagalpa, Estelí, Ocotal, León und
die Atlantikküste, außerdem zwei Ministerien, das Innen- und das
Kriegsministerium. Letzteres wurde General Moncada angeboten,
der ablehnte, solange Díaz Präsident bliebe.
Wie Sie verstehen werden, verlangte die Annahme derartiger Vorschläge die Zustimmung aller Chefs der Revolution. Darum wurde
in einigen Zusammenkünften in Boaco über die Annahme oder
Nichtannahme der Punkte beraten. Da mein Quartier etwas weiter
von Boaco entfernt lag, nahm ich an den Beratungen nicht teil,
aber ich erfuhr vom Beschluß der Mehrheit der Chefs, Díaz nicht
als Präsidenten der Republik anzuerkennen. Die Resolution Oberst
Stimsons, des Sonderbeauftragten der nordamerikanischen Regierung, bestätigt voll und ganz unseren Sieg, doch da das State Departement die Regierung Díaz anerkannt hat, sieht er sich veranlaßt, ihn aus moralischer Rücksicht auf seine Leute in der Präsidentschaft zu unterstützen. Aber sie versprechen die Regierung über die
genannten Departements, außerdem die absolute Pressefreiheit, die
Kontrolle der nächsten Wahlen und unseren sicheren Sieg im Wahl-
kampf, da wir in der Mehrheit sind.
Das ABC von Südamerika, die Republiken von Argentinien, Brasilien und Chile, haben bei der Regierung Nordamerikas den An-
trag gestellt, als Richter in den Angelegenheiten Nicaraguas aufzu-
treten, was angenommen wurde. Sie werden von Sacasa und Díaz
absehen und ganz sicher eine liberale Regierung vorschlagen. Mein
Beschluß ist folgender: Ich bin nicht bereit, meine Waffen niederzulegen, sollten auch alle es tun. Ich werde zusammen mit den wenigen, die mir folgen, sterben, denn es ist vorzuziehen, als Rebell zu
sterben denn als Sklave zu leben. Unterdessen bleibe ich hier und

warte auf die Entscheidung General Stimsons in unseren Angelegenheiten.
Mit vorzüglicher Hochachtung Ihr

gez. A. C. Sandino

(AS, S. 39, 40, 41)

4. Die Generäle unterwerfen sich Mr. Stimson
(12. Mai 1927)

Boaco. 12. Mai 1927, vier Uhr nachmittags.
Sehr verehrter Herr Henry L. Stimson, Abgesandter des Präsidenten
Coolidge. – Die Militärchefs des Konstitutionalistischen Heeres kamen in der heutigen Beratung überein, der Resolution Herrn Generals Henry L. Stimson, des persönlichen Repräsentanten des Präsidenten der Vereinigten Staaten, Coolidge, beizupflichten. Sie haben
beschlossen, die Waffen niederzulegen, und hoffen, daß man sofort
mit einem ausreichenden Truppenkontingent kommt, um sie in
Empfang zu nehmen und die Ordnung, das Eigentum und die Freiheit zu schützen.

J. M. Moncada, Carlos Pasos, Alejandro Plata,
F. Parajon, J. Ramon Tellez, C. A. Castro Wasmer,
Juan Escamilla, Alejandro Cerda C., Luis Beltrán Sandoval,
C. López Irías, E. Duarte, J. Carlos Vargas

5. Alle, mit einer Ausnahme
(Mai 1927)

[...]
Am 5. Mai dieses Jahres erhielt ich einen mündlichen Befehl, den
mir Moncada durch Oberst Pompilio Reyes übermitteln ließ, daß
ich meine Truppen in der Ortschaft Santa María sammeln sollte;
daß jetzt keine Notwendigkeit mehr bestünde, Posten aufzustellen;
daß alle wieder unter Dach schlafen könnten, denn es sei bereits
alles geregelt.
Ich fand diesen Befehl vollkommen regelwidrig und brach mit mei-

nem Generalstab sofort nach La Cruz im Gebiet von Teustepe auf, wo Moncada war. [...]

Ich bat ihn um eine Erklärung über die Friedensregelungen, die getroffen worden seien.

Bevor er mir zu antworten begann, machte er es sich in seiner Hängematte bequem, wobei er sich ein goldenes Kreuz der US-Marine, das er an einem weißen Band um den Hals hängen hatte, zurechtrückte. Seine Antwort lautete, daß ein Vertreter der Regierung der USA ihm mitgeteilt habe, daß seine Regierung bereit sei, dem Krieg in Nicaragua ein Ende zu bereiten, daß sie das Gesuch von Adolfo Díaz angenommen habe, die Präsidentschaftswahlen zu überwachen, und daß folglich die nordamerikanische Regierung die Waffen von Adolfo Díaz und die der Liberalen in ihre Verwaltung nähmen. [...]

Ich lächelte voll Hohn.

Mein Lächeln überraschte General Moncada. Er fügte hinzu: »Sie werden uns auch die Kontrolle über sechs Departements der Republik überlassen. Sie sollen politischer Chef von Jinotega werden. Die Regierung Díaz wird alle im Krieg verwendeten Tiere bezahlen, und alle, die Sie nur aufgreifen können, werden Ihnen gehören.«

Ich fragte Moncada, ob das gesamte Heer damit einverstanden sei, und er erwiderte:

»Es muß einverstanden sein, denn allen wird der Sold ausgezahlt, der ihnen zusteht. Es steht Ihnen«, fuhr er fort, »zehn – 10 – Dollar pro Tag für die Zeit zu, in der Sie gekämpft haben.«

Ich lächelte erneut sarkastisch.

Moncada lud mich ein, an den Beratungen teilzunehmen, die am 8. des Monats in Boaco stattfinden sollten. Dort würde ich die Meinung aller erfahren, denn er habe Stimson für die Antwort um eine Frist von acht Tagen gebeten.

Haltet euch vor Augen, daß Moncada zu uns Chefs der Kolonne gesagt hat, er habe Stimson um eine Frist von acht Tagen gebeten, gerechnet vom 5. Mai an, um die Meinung des Heeres einzuholen und seine Antwort zu geben, während er den 4. Mai zum Feiertag erklärte, da er der Tag des Friedensabschlusses sei, was beweist, daß Moncada die Meinung des Heeres wenig bedeutete. [...]

Der 4. Mai ist in der Tat ein Nationalfeiertag, allerdings nicht, weil Moncada an diesem Tag in Tipitapa das liberale Heer wie eine Herde Vieh verschacherte. Nein.

Er ist ein Nationalfeiertag, weil Nicaragua an diesem Tag der Welt bewies, daß es sich in seiner nationalen Würde nicht erniedrigen läßt. [...]

Ich wiederholte noch einmal, daß ich einer der Gegner sein würde.

Wortgewandt wollte er mich überzeugen, daß es Wahnsinn wäre, gegen die USA zu kämpfen, die mit ihren 200 Millionen Einwohnern eine mächtige Nation wären, gegen die ich mit den 300 Mann unter meiner Befehlsgewalt nicht ankommen könnte. Es würde uns genauso ergehen wie der Beute unter den Krallen eines Tigers, die seine Krallen um so tiefer zu spüren bekommt, je mehr sie sich bewegt.

Ich fühlte von Stund an eine tiefe Mißachtung für Moncada. Ich sagte ihm, daß ich es als eine Pflicht betrachte, zu sterben oder uns zu befreien; daß ich mit diesem Ziel die rote und schwarze Fahne, die Freiheit oder Tod bedeute, gehißt habe und daß das Volk von Nicaragua von diesem konstitutionalistischen Krieg seine Freiheit erhoffe.

Er lächelte sarkastisch. Dann sagte er in abschätzigem Ton wortwörtlich folgendes:

»Nein, mein Lieber ... Warum wollen Sie sich für das Volk opfern? Das Volk dankt es einem nicht ... Das sage ich Ihnen aus eigener Erfahrung ... Das Leben geht zu Ende, und das Vaterland bleibt bestehen ... Die Pflicht eines jeden menschlichen Wesens ist, das Leben zu genießen, ohne sich groß Sorgen zu machen.«

Ich verabschiedete mich von ihm und kehrte zu meinen Truppen zurück.

Da ich, wie gesagt, mit meinem gesamten Generalstab bei Moncada war, sind alle, die ihm angehören, Zeuge des oben Gesagten.

Als wir an dem großen Torbogen losritten, riefen mein Generalstab und ich: »Nieder mit den Yankees!« Unterwegs sprachen wir über die Gründe für die Haltung Moncadas, und wir alle waren uns einig, daß er das Versprechen, Präsident von Nicaragua zu werden, schon in der Tasche hatte[1].

[...]

Ich gelangte zu unserem Lager auf dem Berg El Común und teilte allen mit, was ich aus dem Munde Moncadas selbst gehört hatte und welches Bild wir uns von ihm zu machen hätten.

Ich konnte der Haltung eines Verräters gegenüber nicht gleichgültig

1 GS, S. 222, 223, I.

bleiben. Ich erinnerte mich in diesem Moment an die verletzenden
Sätze, mit denen man uns Nicaraguaner im Ausland bezeichnete.
Ich blieb drei Tage auf dem Berg El Común, niedergeschlagen, trau-
rig, ohne zu wissen, wie ich mich verhalten sollte, ob ich die Waffen
niederlegen oder das Land verteidigen sollte, das Erbarmen von
seinen Söhnen verlangte. Ich wollte nicht, daß meine Soldaten mich
weinen sähen, und so suchte ich die Einsamkeit.
Ganz allein geblieben, dachte ich lange nach, ich fühlte förmlich,
wie eine fremde Stimme zu mir sagte: »Vaterlandsverschacherer!«
Ich unterbrach den Kreis meiner Überlegungen und beschloß zu
kämpfen, ich hatte begriffen, daß ich derjenige war, der gegen den
Verrat am Vaterland und den Idealen Nicaraguas zu protestieren
hatte, und daß einzig und allein die Kugeln die souveränen Rechte
Nicaraguas verteidigen konnten, denn es gab überhaupt keinen
Grund, daß sich die Vereinigten Staaten in unsere Familienangele-
genheiten einmischten. In diesen Tagen veröffentlichte ich mein
erstes Manifest[2].
[...]
Ich befahl meinen Männern, nach Jinotega zurückzukehren, und
wandte mich mit 50 Mann nach Boaco, wo die Beratungen, von
denen mir Moncada gesprochen hatte, stattfinden sollten.
In Boaco ging ich mit meinem Generalstab zu Moncada, der in
einem der größten Häuser von Boaco Quartier genommen hatte.
[...]
Moncada war schon nicht mehr in Uniform. Er trug einen hellen
Palm-Beach-Anzug und glänzende Schuhe. Er teilte mir mit, daß
die Beratung der Armeechefs schon längst stattgefunden hatte, daß
alle der Niederlegung der Waffen beigestimmt hätten und daß es
meine Pflicht sei, mich der Meinung der Mehrheit zu fügen.
[...]
Ich sagte zu General Moncada, daß ich über alles lange nachgedacht
habe und die Meinung der übrigen Chefs unterstützte, aber daß ich
um die Erlaubnis ersuchte, meine Waffen in Jinotega abzugeben,
denn dort befände sich die Departementsregierung, zu deren Schutz
ich mehr als 200 Gewehre hinterlassen hatte.
Er erwiderte, daß er sich darüber mit den Marines konsultieren
müßte. Ich sollte drei Tage auf deren Entscheid warten.
Darauf entgegnete ich General Moncada, daß er mir gestatten soll-

2 RDB, S. 43.

te, besagte drei Tage in der Hazienda El Chacao der Chavarrías zu warten, die auf dem Weg von Teustepe nach Jinotega liegt. Moncada stimmte dem zu, doch zuvor sollte ich das Protokoll der Waffenniederlegung unterzeichnen, das bereits die Unterschriften der übrigen Chefs trug.

In diesem Augenblick schien es mir, daß alle meine Freiheitsträume sich in nichts auflösten, denn wenn Moncada darauf beharrte, daß ich unterzeichnete, war ich bereit, ihm eine Kugel in den Leib zu jagen.

Ich nahm mich ungeheuer zusammen, um meine Gelassenheit wiederzugewinnen, die die Umstände erforderten und sagte ihm wörtlich:

»Sie befehlen. Ich gebe Ihnen alle Vollmachten, in meinem Namen zu unterzeichnen.«

Sicher fühlte er sich als Sieger, denn nach seiner Meinung hatte er mich bereits von seiner Art zu denken überzeugt.

Ich war unter allen Chefs der Armee der einzige Gegner des Moncada-Stimson-Paktes. Er willigte ein, für mich zu unterzeichnen.

Ich verabschiedete mich von ihm, und wir stiegen auf unsere Pferde, um dem Rest meiner Truppen nachzureiten, die bereits in Richtung Jinotega unterwegs waren. Von der Hazienda El Chacao der Chavarrías aus sandte ich Moncada eine Nachricht folgenden Inhalts:

»Ich teile Ihnen mit, daß bei meiner Ankunft hier meine ganze Truppe schon wegen Proviantmangel nach Jinotega aufgebrochen war. In diesem Fall hat mein Verbleib hier keinen Sinn. Auch ich werde in Richtung besagter Stadt reiten, wo ich auf Ihre Befehle warte und mich der Meinung der anderen unterwerfe.«

Ich ritt weiter nach Jinotega. Als ich dort ankam, drohte der Stadt große Gefahr von seiten einer Truppe Konservativer, die noch immer bewaffnet war. Die Begeisterung war groß, als man uns voll bewaffnet ankommen sah, vielleicht besser ausgerüstet als damals, als wir von Jinotega losritten.

Mir wurden viele Blumen überreicht. Ich erhielt viele Bilder mit Widmung von jungen Mädchen und eine Vielzahl von Geschenken, die ich alle in hohem Andenken halte.

Ich erklärte der Bevölkerung von Jinotega öffentlich meinen Beschluß, gegen die Piraten von Yankees zu kämpfen und ließ ein Rundschreiben in den drei Departements Jinotega, Estelí und Nueva Segovia zirkulieren.

In der zweiten Nacht schickte ich die Generäle, die mein vollstes Vertrauen besaßen, mit mehreren Maschinengewehren, 600 Gewehren und einer großen Menge Munition in die Berge von Las Segovias. Ich forderte viele Männer meines Heeres auf, in ihre Familien zurückzukehren, und zwar diejenigen, die ich nicht bereit zu Opfern fand. Ich ließ weiterhin die Departementsregierung in Jinotega und ritt mit 300 Mann Kavallerie nach San Rafael del Norte.

Wir kamen um fünf Uhr nachmittags in San Rafael del Norte an. Zu dieser Zeit waren die Waffen, die ich zum Verstecken in die Segovianer Berge geschickt hatte, schon in anderer Richtung unterwegs.

Nachdem ich den Chefs der 300 Mann Kavallerie Order erteilt hatte, quartierte ich mich wieder mit meinem Generalstab im Hause von Blanca ein. Hier befand sich nach wie vor der Fernschreiber[3].

6. Das Mädchen von San Rafael del Norte, Blanca Arauz
(18. Mai 1927)

Ich kannte Blanca Arauz, Telegrafistin im Dorf San Rafael del Norte, bereits. Sie war ein sehr sympathisches Mädchen von 19 Jahren.

Die Kälte in den Hochebenen von Yacapuca ist fast polar. Nach den drei genannten Kämpfen an diesem Ort sah ich mich wegen der Kälte veranlaßt, die eroberten Gebiete von Yacapuca zu verlassen und meine Truppen in San Rafael del Norte zu konzentrieren. Von hier aus bereitete ich neue Operationen vor. Wir hatten die telegrafische Verbindung der beiden Departements, mit Ausnahme der Stadt Jinotega selbst, wiederhergestellt.

Ich nahm mit meinem Generalstab in Blancas Haus Quartier. Hier war auch der Fernschreiber. Lange Stunden am Tag und auch bis tief in die Nacht hinein saß ich dem Tisch gegenüber, an dem Blanca arbeitete. Ich hatte viele Gespräche per Telegraf mit den verschiedenen Teilen besagter Departements zu führen.

So verliebte ich mich in Blanca; sie wurde meine Braut.

[...]

Am 18. des gleichen Monats feierte ich meinen 32. Geburtstag, und

3 GS, S. 224–226, I.

an diesem gleichen Tag heiratete ich Blanca in der Kirche von San Rafael del Norte.

[...]

Blanca hatte ein weißes Kleid an, sie trug einen weißen Schleier und einen Kranz aus Orangenblüten.

Ich hatte meine Waffen im Gürtel. Ich trug eine Reiteruniform aus kaffeebraunem Leinen und hatte schwarze hohe Stiefel an. Sechs meiner Adjutanten begleiteten mich in die Kirche.

Als wir aus der Kirche kamen, fühlte ich mich wie neugeboren. Mir war, als ginge ich in der Luft schwebend.

[...]

Zwei Tage nach unserer Hochzeit verließ ich meine Frau und ging in die Wälder von Las Segovias, um die Ehre meines Landes zu verteidigen.

(GS, S. 230–232, I)

7. Brief von Moncada
(24. Mai 1927)

Jinotega, den 24. Mai 1927. Herrn General Augusto C. Sandino, San Rafael del Norte. – Sehr verehrter Herr General: Ihr Vater ist nach San Rafael gekommen, um die schwerwiegenden Probleme zu regeln, die im Departement von Jinotega entstanden sind. Er wird Sie persönlich aufsuchen, denn wir haben widersprechende Informationen über Ihren Aufenthaltsort. Das Land befindet sich von Tipitapa bis Corinto, also das gesamte Landesinnere, im Friedenszustand, und die Liberale Partei unternimmt alles, um den Nutzen der Ruhe und Ordnung auch auf die anderen Departements auszubreiten. In den Regelungen der Waffenniederlegung, Sie werden sich an die Auskünfte erinnern, die ich Ihnen in Boaco gab, haben wir nicht Díaz als Präsidenten akzeptiert, sondern einen Waffenstillstand für den Rest der gegenwärtigen Präsidentschaftsperiode, um freie Wahlen unter dem Schutz der Vereinigten Staaten und nicht der nicaraguanischen Konservativen zu garantieren.

Sie werden sich auch erinnern, daß alles in freier und spontaner Beratung von allen Generälen des Heeres beschlossen wurde und daß Sie in Ihrem letzten Brief mit allem einverstanden waren.

Folglich ist die Ehre des Heeres und des Liberalismus schon mit im Spiel. Ich habe immer zu allen gesagt, daß der Begriff des Patriotismus und der Freiheit davon abhängt, wie er ausgelegt wird. Wir alle haben das Recht zu überlegen, was für das Vaterland am besten ist. Wenn es angebracht ist, gegen die Vereinigten Staaten zu kämpfen, um die Nation zu befreien, so ist es unsere Pflicht zu kämpfen, wenn der Kampf ein Opfer für das liberale Volk ist, so ist es unsere Pflicht zu leben, denn die Toten verschwinden für immer, und die Lebenden bleiben, um mit Leib und Seele für die Unabhängigkeit und Souveränität des Vaterlandes zu kämpfen.

So bitte ich Sie also, noch einmal über den letzten Entschluß von Ihnen und Ihren Truppen tief nachzudenken, zum Wohle von Nicaragua und des Liberalismus. Und ich bitte Sie auch, nachdem Sie Ihren Vater angehört haben, in eine Beratung mit mir einzuwilligen.

Ihr ergebenster J. M. Moncada.

Antwort von Sandino:

Ich weiß nicht, warum Sie mir jetzt befehlen wollen. Ich erinnere mich, daß Sie mir nie gut gesonnen waren, als Sie Chefkommandant waren. Als ich Sie bat, mir Truppen zu geben, um gegen den Feind zu kämpfen, lehnten Sie es ab. Und als mir Doktor Sacasa 45 Mann gab und Waffen, mißfiel Ihnen das sehr. Offenbar waren Sie eifersüchtig auf mich. Sie kennen ohne Zweifel meinen Charakter und wissen, daß ich nicht zu brechen bin. Jetzt möchte ich, daß Sie kommen, um mich zu entwaffnen. Ich bin auf meinem Posten und erwarte Sie. Anders weiche ich nicht. Ich verkaufe mich weder, noch ergebe ich mich: Man muß mich besiegen. Ich glaube, daß ich meine Pflicht erfülle, und wünsche, daß mein Protest mit Blut in die Zukunft geschrieben wird.

(GS, S. 24, 41, I)

8. Flugblatt, das von Flugzeugen abgeworfen wurde
(. . . Juni 1927)

An alle, die es interessieren kann:
Augusto C. Sandino, einst General des liberalen Heeres, ist jetzt ein
Individuum außerhalb des Gesetzes, in Rebellion gegen die Regierung von Nicaragua. Alle, die ihm folgen oder in dem von seinen
Truppen besetzten Territorium bleiben, tun es auf eigene Verantwortung, und weder die Regierung von Nicaragua noch die der
Vereinigten Staaten von Amerika sind für die Toten und Verletzten der militärischen Operationen nicaraguanischer oder amerikani-
scher Einheiten in dem von Sandino besetzten Gebiet verantwortlich.

G. D. Hatfield
Cap. Marine Corps, Commanding Nueva Segovia

(AS, S. 47, 48)

9. Erstes politisches Manifest
(1. Juli 1927)

Wer von seinem Vaterland nicht einmal einen Flecken Erde für sein
Grab fordert, verdient es, angehört zu werden, und nicht nur angehört, sondern auch, daß man ihm Glauben schenkt. Ich bin Nicaraguaner und stolz, daß in meinen Adern mehr als anderes indiani-
sches amerikanisches Blut fließt, das aus Überlieferung das Geheim-
nis in sich birgt, ein loyaler und aufrichtiger Patriot zu sein. Das
Band der nationalen Zugehörigkeit gibt mir das Recht, die Verantwortung für mein Handeln in den Angelegenheiten Nicaraguas und
folglich Mittelamerikas und des ganzen Kontinents unserer Sprache
zu tragen, ohne mich darum zu kümmern, daß Defätisten und
Schwächlinge mir den Namen geben, der ihrem Eunuchencharakter
am meisten zusagt. Ich war Arbeiter in der Stadt, Handwerker, wie
man in der Sprache unseres Landes sagt, doch mein Ideal liegt an
dem weiten Horizont des Internationalismus, in dem Recht, frei zu
sein und Gerechtigkeit zu fordern, auch wenn eigenes und fremdes
Blut vergossen werden muß, um diesen Zustand der Vollkommenheit zu erreichen. Ich bin ein Plebejer, würden die Oligarchen es

nennen. Das hat keine Bedeutung: Meine höchste Ehre ist, daß ich aus dem Schoße der Unterdrückten stamme, die die Seele und der Nerv des Volkes sind. Wir wurden erniedrigt und den schamlosen Meuchelmördern ausgeliefert, die mithalfen, das Verbrechen des Hochverrats auszubrüten: die Konservativen von Nicaragua, die das freie Herz des Vaterlandes verwundeten und uns unerbittlich verfolgten, als wären wir nicht Söhne der gleichen Nation.

Vor 17 Jahren hörten Adolfo Díaz und Emiliano Chamorro auf, Nicaraguaner zu sein. Ihr Machtstreben tötete ihr Recht auf die nationale Zugehörigkeit, denn sie rissen die Fahne, die alle Nicaraguaner umhüllte, vom Mast. Heute weht diese Fahne schlaff und beschmutzt durch die Undankbarkeit und Gleichgültigkeit ihrer Söhne, die nicht die übermenschliche Anstrengung unternahmen, sie aus den Krallen des Ungeheuers von Adler mit dem gekrümmten Schnabel zu befreien, der sich vom Blut unseres Volkes nährt. Auf dem Marsfeld von Managua dagegen flattert die Fahne, die den Mord an schwachen Völkern und die Feindschaft gegenüber unserer Rasse versinnbildlicht.

Wer sind diejenigen, die mein Vaterland an den Pfahl der Schmach und der Schande banden? Díaz und Chamorro mit ihren Parteigängern, die noch das Recht für sich in Anspruch nehmen, unser unglückseliges Vaterland zu regieren, mit Hilfe der Bajonette und der Springfields des Eindringlings. Nein, tausendmal nein! Es gibt Männer, die nicht Verrat geübt haben, die sich weder wankelmütig zeigten noch ihre Gewehre verkauften, um den Ehrgeiz von Moncada zu befriedigen. Die liberale Revolution hat begonnen. Sie ist heute kräftiger denn je, weil in ihr nur Männer bleiben, die mutig und bereit zu Opfern sind.

Moncada, der Verräter, hat natürlich seine Pflichten als Militär und als Patriot nicht erfüllt. Es waren keine Analphabeten, die ihm folgten, und er war auch kein Kaiser, der uns seinen grenzenlosen Ehrgeiz hätte aufzwingen können. Ich lade diesen Überläufer Moncada, der sich auf die Seite des ausländischen Feindes mit Gewehr und Munition schlug, vor das Gericht der Zeitgenossen und der Geschichte. Das ist ein unverzeihliches Verbrechen, das Sühne fordert!

Die Mächtigen werden sagen, daß ich für das Werk, das ich in Angriff genommen habe, sehr klein bin. Doch meine Unbedeutsamkeit gleicht mein stolzes Herz eines Patrioten aus. Und so schwöre ich vor dem Vaterland und der Geschichte, daß mein Schwert die nationale Würde verteidigen und die Erlösung für die Unterdrückten bringen wird. Ich nehme die Einladung zum Kampf an und fordere ihn selbst heraus. Ich antworte auf die Drohung des feigen Eindringlings und der Verräter meines Vaterlandes mit meinem Kampfruf. Meine Brust und die meiner Soldaten werden Mauern bilden, an denen die Legionen der Feinde Nicaraguas zerschellen werden. Und sollte auch der letzte meiner Soldaten, der Soldaten der Freiheit von Nicaragua, sterben, so wird doch zuvor mehr als ein Bataillon von euch blonden Eindringlingen den Staub meiner wilden Berge geschluckt haben.

Ich werde keine Magdalena sein, ich werde nicht auf Knien die Verzeihung meiner Feinde, der Feinde Nicaraguas, erbitten, denn niemand hat das Recht auf Erden, glaube ich, ein halber Gott zu sein. Ich möchte die ungerührten Nicaraguaner, die gleichgültigen Mittelamerikaner und die indohispanische Rasse davon überzeugen, daß es in den Ausläufern der Anden-Kordillere eine Schar Patrioten gibt, die als Männer zu kämpfen und zu sterben wissen.

Kommt, Horde von Morphinisten, uns auf unserer eigenen Erde zu ermorden, ich erwarte euch standhaft mit meinen patriotischen Soldaten, und eure Anzahl bedeutet mir nichts. Doch denkt daran, daß dann die Vernichtung eures Hochmuts im Kapitol von Washington widerhallen wird, mit eurem Blut die weiße Kugel rötend, die euer berühmtes White House krönt, der Höhle, in der ihr eure Verbrechen ausheckt.

Ich möchte den Regierungen Mittelamerikas, insbesondere der Regierung von Honduras, erklären, daß sie sich durch meine Haltung nicht in Unruhe versetzen sollen in der Annahme, daß ich ihr Territorium in kriegerischen Absichten überfallen würde, weil ich mehr als genug Truppen habe. Nein. Nein, ich bin kein Söldner, sondern ein Patriot, der keinen Verrat an unserer Souveränität zuläßt.

Ich möchte unser Land, das die Natur mit beneidenswerten Reichtümern ausgestattet hat, so daß wir aufgrund dieses natürlichen Privilegs in einem Maße begehrt sind, daß man uns zu Sklaven machen will, aus den Fesseln der unseligen Politik Chamorros befreien.

Unsere junge Heimat, diese tropische Schönheit, muß auf ihrem Kopf die Freiheitsmütze mit der wunderbaren Losung tragen, die unsere Farben »Rot und Schwarz« symbolisieren, und nicht die von abenteuerlichen Yankee-Morphinisten, die von Marionetten gerufen worden sind, welche behaupten, hier in meinem Vaterland geboren zu sein.

Die Welt wäre im Ungleichgewicht, wenn die Vereinigten Staaten von Nordamerika die alleinigen Herren über unseren Kanal würden, denn das liefe darauf hinaus, den Entscheidungen des Kolosses des Nordens – dem sie Tribut zollen müßte –, den Spekulanten und Betrügern ausgeliefert zu sein, die als die Herren auftreten, ohne ein Recht darauf zu haben.

Die Zivilisation erfordert, daß der Kanal von Nicaragua gebaut wird, aber das sollte mit dem Kapital aller geschehen und nicht ausschließlich dem Nordamerikas. Mindestens die Hälfte der Baukosten sollte mit lateinamerikanischem Kapital aufgebracht werden. Und die andere Hälfte mit dem Kapital der Länder der Welt, die Aktien an diesem Unternehmen erwerben wollen. Die Vereinigten Staaten von Nordamerika dürften keinen weiteren Anteil als die drei Millionen haben, die sie den Verrätern Chamorro, Díaz und Cuadra Pasos gegeben haben. Nicaragua, mein Vaterland, nimmt die Steuern ein, die ihm rechtens zustehen. Damit hätten wir genügend Einkommen, um unser Land mit Eisenbahnlinien zu durchziehen; und wir könnten unser Volk in einer wirklichen Atmosphäre der Demokratie erziehen. Dann würden wir auch respektiert werden, und man würde uns nicht mehr mit der kalten Verachtung ansehen, wie es heute der Fall ist.

Mein Brudervolk: Nachdem ich Euch jetzt meinen glühenden Wunsch, unser Vaterland zu verteidigen, zum Ausdruck gebracht habe, empfange ich Euch in meinen Reihen, ungeachtet der politischen Farbe, nur unter der Voraussetzung, daß Ihr guten Willens kommt, denn Ihr müßt Euch darüber im klaren sein, daß man mit der Zeit alle betrügen kann, aber sich mit der Zeit nicht alle betrügen lassen.

Bergwerk von San Albino, Nueva Segovia, Nicaragua.

Vaterland und Freiheit!

A. C. Sandino.

(GS, S. 248–251, I)

10. Wir sind allein
(ohne Datum)

Wir sind allein. Die Sache Nicaraguas wurde verraten. Ab heute sind unsere Feinde nicht die Truppen des Tyrannen Díaz, sondern die Marines des mächtigsten Imperiums, das es je in der Geschichte gegeben hat. Gegen sie werden wir kämpfen. Hinterhältig werden uns Bomben ermorden, die furchtbare Flugzeuge aus der Luft abwerfen, wir werden von ausländischen Bajonetten zerfetzt, von modernsten Maschinengewehren durchlöchert werden. Diejenigen, die verheiratet sind oder andere familiäre Verpflichtungen haben, werden aufgefordert, in ihre Familien zurückzukehren.

(GS, S. 287, I)

11. Botschaft des Kapitäns Hatfield, US-Marinecorps
(Juli 1927)

An General A. C. Sandino, San Fernando, Nicaragua.
Sie können unmöglich noch immer taub für vernünftige Vorschläge sein, und darum will ich Ihnen trotz Ihrer unverschämten Antworten auf meine vorangegangenen Empfehlungen erneut eine Gelegenheit geben, sich in Ehren zu ergeben.
Wie Sie ohne Zweifel wissen dürften, sind wir vorbereitet, Sie in Ihren Stellungen anzugreifen, um ein für allemal mit Ihren Truppen und Ihrer Person ein Ende zu machen, wenn Sie weiter auf Ihrem Standpunkt beharren. Mehr noch, wenn es Ihnen gelingen sollte, nach Honduras oder an irgendeinen anderen Ort zu entkommen, werden wir ein Kopfgeld auf Ihre Person aussetzen, und niemals werden Sie in Frieden in Ihr Vaterland zurückkehren können, sondern nur wie ein Bandit, den seine eigenen Landsleute meiden würden. Wenn Sie mit allen Ihren Truppen oder einem Teil von ihnen nach Ocotal kommen und friedlich die Waffen abgeben, werden Sie und Ihre Soldaten Garantien erhalten, die ich Ihnen als Vertreter einer großen und mächtigen Nation, die ihre Schlachten nicht mit Verrat gewinnt, unterbreite. Dann könnten Sie ein nützliches und ehrenvolles Leben in Ihrem eigenen Vaterland leben und Ihren Landsleuten in der Zukunft helfen, indem

Sie ihnen ein Beispiel an Rechtschaffenheit und der Haltung eines Volksführers geben.

Andernfalls werden Sie des Landes verwiesen und für vogelfrei erklärt. Sie werden überall verfolgt und überall verachtet, und ein entehrender Tod wird Sie erwarten: nicht der Tod des Soldaten, der im Kampf fällt, sondern der Tod des Verbrechers, der es verdient, von seinen Verfolgern hinterrücks erschossen zu werden. Als Beispiel möchte ich Sie an jemanden erinnern, der vor 25 Jahren auf dem gleichen Weg wie Sie war, aber rechtzeitig kehrtmachte: Aguinaldo von den Philippinen, der erst einer der Größten der Volksführer war und dann der beste Freund der Vereinigten Staaten wurde.

Abschließend möchte ich Ihnen sagen, daß Nicaragua seine letzte Revolution durchgemacht hat und daß die Soldaten auf eigene Faust in der Zukunft keine Gelegenheit mehr haben werden, ihre Talente anzuwenden. Sie haben zwei Tage für Ihre Antwort, die das Leben vieler Ihrer Anhänger retten kann. Und wenn Sie der Patriot sind, der Sie vorgeben zu sein, erwarte ich Sie am 14. Juli 1927 um 8 Uhr morgens in Ocotal. Lassen Sie mich Ihren Bescheid, ob ja oder nein, wissen. Ich wünsche, daß er zum besten Ihrer Soldaten und Ihnen selbst ja sein möge.

gez. G. D. Hatfield, U. S. Marine
Corps Commanding Officer, Ocotal, Las Segovias.

Antwort von Sandino:

Feldlager El Chipote, Vía San Fernando.
An den Kapitän G. D. Hatfield. El Ocotal.
Ich erhielt gestern Ihre Nachricht und bin unterrichtet. Ich werde mich nicht ergeben und erwarte Sie hier. Ich möchte ein freies Vaterland oder sterben. Ich habe vor Euch keine Angst. Ich baue auf den glühenden Patriotismus derjenigen, die mich begleiten.
Vaterland und Freiheit!

A. C. Sandino.

(AS, S. 48, 49 und GS, S. 252, 253, I)

12. Der Angriff auf Ocotal
(16. Juli 1927)

Nun gut, wir werden die Waffen niederlegen, aber nur, wenn man sie uns wegnimmt, wenn wir tot sind. Die sechzig Mann meines kleinen Heeres machten sich bereit, um pünktlich an dem Treffpunkt zu sein, den Hatfield uns anberaumt hatte. Doch zuvor rief ich, um zu beweisen, daß der Eindringling unfähig war, Garantien zu geben, die Bauern aus der Umgebung zusammen und sagte ihnen, daß sie mit meinen Soldaten nach Ocotal gehen und alles, was sie wollten, mitnehmen sollten ... Am 16. des gleichen Monats, zwei Tage, nachdem ich das unverschämte Schreiben des Yankee-Kapitänchens erhalten hatte, waren achthundert Mann für den Angriff auf Ocotal bereit. Hier gab es vierhundert Piraten und zweihundert nicaraguanische Renegaten, die in deren Dienst standen.

Wir waren zwar nur sechzig, dazu kam die zahlreiche Schar unbewaffneter Bauern, aber der Feind wich doch zurück. Wir drangen weiter vor, der Kampf hielt ununterbrochen fünfzehn Stunden an. Unsere acht Maschinengewehre säten den Tod in den feindlichen Reihen. Wir nahmen El Ocotal ein und zerstörten es. Die Bauern plünderten und brandschatzten. Die Feinde flüchteten sich schließlich in einen Häuserblock, wo wir sie unter Beschuß hielten. Wir besetzten die Anhöhen und hielten sie unter unserer Kontrolle. Wir hätten die ganze Stadt in Brand gesteckt, wie wir die Quartiere und die Häuser der Konservativen, die in El Ocotal wohnen, gesprengt haben, aber das hätte viele Unschuldige getroffen. So zogen wir uns zurück, mit der Kriegsbeute und dem Stolz, den der Sieg verleiht.

(EM, SAEC, in GAB, S. 15)

13. Bericht über den Kampf in Ocotal
(17. Juli 1927)

San Fernando, 17. Juli 1927, 11.50 Uhr morgens.
An alle Zivil- und Militärbehörden.
Wir geben hiermit die Gründe für den Kampf vom gestrigen 16. Juli 1927 bekannt. 1. Beweisen, daß es weiter eine organisierte

Kraft gibt, die Protest einlegt und die verfassungsmäßigen Rechte des Doktor Sacasa verteidigt. 2. Die Behauptung derjenigen zerstreuen, die uns als Banditen hinstellen und nicht glauben, daß wir Männer sind, die ihre Ideale verteidigen. 3. Beweisen, daß wir eher sterben denn als Sklaven leben wollen, denn der Friede, den uns Moncada bereitet hat, ist nicht der Friede, der den Menschen die Freiheit gibt, sondern den der Sklave genießt, den niemand belästigt, da alle ihn beherrschen. 4. Wenn man annimmt, daß unser Heer durch große Verluste entmutigt werden würde, so sind wir heute kampfesbereiter denn je, denn die Feinde und Invasoren unseres Vaterlandes machen jetzt Jagd auf uns. Und so bekräftigen wir unseren festen Entschluß, daß wir unser Leben beenden werden, wenn wir nicht in den Genuß der wirklichen Freiheit kommen, auf die wir Menschen alle ein Recht haben.

Abschließend möchte ich unterstreichen, daß der einzige Verantwortliche für alles, was hier in Nicaragua in der Gegenwart und in der Zukunft geschieht, der Präsident der Vereinigten Staaten, Calvin Coolidge, ist. Denn er beharrt darauf, seinen Lakaien Adolfo Díaz an der Macht zu halten, der die Mißachtung aller wahrhaften Nicaraguaner genießt.

Vaterland und Freiheit!

A. C. Sandino

(AS, S. 56 und GS, S. 261, 262, I)

14. Der Kampf von San Fernando
(25. Juli 1927)

Unsere erste Niederlage erlitten wir in San Fernando, elf Tage nach dem Angriff auf Ocotal, als uns eine feindliche Schwadron angriff. Es fehlte wenig, und sie hätten mich getötet. Wir flohen völlig aufgelöst. Man hatte begonnen, es den Bauern, die in Ocotal eingedrungen waren, heimzuzahlen, und sie kamen zu uns, um sich zu retten, nachdem die Yankeetruppen zusammen mit den niederträchtigsten Nicaraguanern ihr Hab und Gut vernichtet hatten. Sie füllten unsere Reihen auf, und drei Monate später waren wir achthundert Mann.

Der Kampf auf Leben und Tod ging weiter, mit wechselndem Erfolg. Wir siegten und wurden besiegt. Der Feind aber kannte unsere Taktik nicht. Außerdem war unser Kundschafterdienst immer, und er ist es auch weiterhin, dem der Söldner überlegen. So erbeuteten wir mehr und mehr nordamerikanische Waffen und Munition, weil wir Söldner mitsamt ihrer Ausrüstung gefangennahmen. Es ist nur schade, daß die Piraten von so großer Statur sind und darum ihre Uniformen unseren Männern nicht passen.

Durch das Gebiet Las Flores führen die Wege nach El Chipote, wo sich mein Hauptquartier befand, in das ich mich mit einer ziemlich großen Zahl meiner Männer zurückgezogen hatte, als auf das Scharmützel von San Fernando eine Zeit der Ruhe folgte. Die Yankees kämpften zu dieser Zeit auf ihre Art und Weise. Sie griffen taktisch an, und kurze Zeit war die Militärakademie der primitiven Taktik der Sandinisten überlegen. Wir wollten unsere Position verteidigen, indem wir uns verschanzten, aber der Eindringling griff uns von den Flanken her an. Außerdem flog auch die Luftwaffe Angriffe, und wir Verteidiger der Stellung mußten uns ungeordnet zurückziehen, wobei wir einen Verlust von über sechzig Mann an Toten und Verletzten hatten.

(EM, SAEC, in GAB, S. 47)

15. Statut des Verteidigungsheeres der Nationalen Souveränität von Nicaragua
(2. September 1927)

1. Die Institution des Verteidigungsheeres der Souveränität von Nicaragua setzt sich aus nicaraguanischen und indiohispanischen freiwilligen Liberalen zusammen, die in unser Heer eintreten wollen und bereit sind, mit ihrem Blut die Freiheit Nicaraguas zu verteidigen. Darum anerkennen sie als Oberkommandierenden einzig und allein den Patrioten und General Augusto César Sandino, der loyal und aufrichtig ist und als legitimer Nicaraguaner die nationale Würde völlig uneigennützig verteidigt. Er läßt sich in seinen Handlungen von den reinsten Gefühlen des Patriotismus und der Disziplin leiten; er unterwirft sich den Militärgesetzen der Republik und anerkennt sie.

2. Die militärische Institution des Verteidigungsheeres der Natio-

nalen Souveränität von Nicaragua erklärt jede Handlung, jeden Befehl oder Erlaß für ungültig, die von der verräterischen interventionistischen Regierung Nicaraguas oder den Invasoren unseres Vaterlandes kommen, die mit dem unglaublichen Zynismus und der Arroganz der Macht in unser nationales Territorium eindrangen, denn wir vertreten die Auffassung, daß die Politik unseres Landes nicht von einer fremden Nation ausgehen darf, sondern von einem wirklichen Nationalgefühl geleitet sein muß.

3. Das Verteidigungsheer der Nationalen Souveränität von Nicaragua ist keine Parteifraktion, die durch ihre Haltung die Liberale Partei aufsplittern will, ganz im Gegenteil: Es ist die Seele und der Nerv des Vaterlandes und des Volkes und widmet sich eben darum der Verteidigung unserer nationalen Souveränität und des Rechts auf Freiheit, das durch den Überläufer und Verräter José María Moncada verletzt wurde, der in seinem maßlosen Ehrgeiz die schwerwiegenden Folgen seiner Feigheit nicht bedachte, als er sein Vaterland, seinen Chef und seine Partei verriet. Darum schwören wir, da wir glauben, daß Nicaragua nicht Erbgut einer bestimmten Gruppe oder einer Partei sein darf, bei den Symbolen des Vaterlands, eher zu sterben, als uns zu verkaufen oder mit den Eindringlingen und Verrätern Kompromisse einzugehen, die so lange Zeit mit unserer nationalen Ehre Handel getrieben haben.

4. Jeder Guerillero, der in der kommenden Zeit zu den Waffen greifen und sich dem Verteidigungsheer der Nationalen Souveränität von Nicaragua anschließen sollte, ist verpflichtet, dem Oberkommandierenden unseres Heeres Mitteilung zu machen, der ihn mit allen Formalitäten aufnimmt und bestimmt, in welcher Zone er operieren wird.

5. Das Departement von Nueva Segovia, in dem sich der nicaraguanische Patriotismus am Leben erhalten hat, unterteilt sich in die vier Zonen: Pueblo Nuevo, Somoto Grande, Quilalí und Ocotal, in denen je ein Expeditionschef operieren wird, der vom Obersten Chef der Revolution ernannt ist.

6. Es ist den Expeditionschefs strikt verboten, die friedlichen Bauern anzufeinden, aber sie können die einheimischen und ausländischen Kapitalisten zwingen, ihnen Geld zu geben, um unseren Krieg zu finanzieren, immer aber müssen sie überprüfen, was zum Unterhalt der Truppen unter ihrem Kommando gebraucht wird. Die Nichteinhaltung dieser Bestimmung wird laut unserem Kriegsrecht verfolgt und bestraft.

7. Es ist den Chefs des Verteidigungsheeres der Nationalen Souveränität von Nicaragua strikt verboten, geheime Abkommen mit dem Feind abzuschließen oder Übereinkünfte zu treffen. Wer diesen Punkt nicht einhält, kommt vor das Kriegsgericht.

8. Die Machtorgane der Revolution sind in unserem Hauptquartier, dem Bollwerk des Verteidigungsheeres der Nationalen Souveränität von Nicaragua, konstituiert, wo wir das Symbol des Vaterlandes und der Freiheit in Ehren halten.

9. Jeder Befehl, den der Oberste Chef der Revolution gibt, wird in strengster Disziplin ausgeführt. Jeder Chef unseres Verteidigungsheeres der Nationalen Souveränität von Nicaragua ist verpflichtet, ihn zu erfüllen und für seine Erfüllung zu sorgen, mit dem Pflichtgefühl, das die Ehre und der Patriotismus verlangen.

10. Das Verteidigungsheer der Nationalen Souveränität von Nicaragua, das aus opferbereiten Patrioten besteht, kann keinen Tagessold zulassen, das würde von der zivilisierten Welt mit der tiefsten Mißbilligung angesehen werden, denn jeder wahrhafte Nicaraguaner ist verpflichtet, die Ehre der Nation freiwillig zu verteidigen. Der Oberste Chef unseres Heeres verpflichtet sich, für das Heer alles Notwendige an Ausrüstung und Kleidung zu beschaffen, entsprechend unseren Bedingungen.

11. Jedes offizielle Kommuniqué, das vom Hauptquartier oder von den Chefs, Offizieren und Soldaten herausgegeben wird, muß mit den Worten »Vaterland und Freiheit«, die offiziell im ganzen Heer anerkannt sind, unterschrieben sein.

12. Das Verteidigungsheer der Nationalen Souveränität von Nicaragua ist in aktiver Verbindung mit den anderen indohispanischen Nationen. Darum hat es bereits seine Vertreter ernännt, die zum Wohle unserer Sache arbeiten, damit unser Sieg eine Tatsache wird, die diejenigen mit Ruhm erfüllt, die allen persönlichen Ehrgeiz beiseite ließen und alle Opfer auf sich nahmen, die die Verteidigung der Ehre ihres Landes verlangt.

13. Der militärische Grad, den das Oberkommando unseres Heeres einmal verlieh, wird nach dem Sieg unseres Kampfes anerkannt, darum wird jedem Betroffenen die entsprechende Bestätigung ausgehändigt.

14. Der Oberste Chef der Revolution schwört vor dem Vaterland und vor dem Verteidigungsheer der Nationalen Souveränität von Nicaragua, daß er keine politischen Kompromisse eingehen wird, daß seine Handlungen von den reinsten patriotischen Gefühlen ge-

leitet sind und daß er für sie die Verantwortung vor dem Vaterland und der Geschichte trägt.

Oben ausgeführte Punkte ratifizieren und unterschreiben wir Offiziere und Soldaten, die wir uns unserer Pflichten bewußt sind, am 2. Tag des Septembers neunzehnhundertsiebenundzwanzig, in El Chipote, Las Segovias, Nicaragua, Mittelamerika.

(GS, S. 288–290, I)

16. Kriegsbericht
(2. November 1927)

Während eines zwölf Tage dauernden leichten Schußwechsels in einem Umkreis von 32 Kilometern sind die Eindringlinge und Verräter vernichtend geschlagen worden. Das hat ihnen gezeigt, daß derjenige, der sein Vaterland verrät oder versucht, einen Schwächeren mit Strafexpeditionen zu demütigen, vom Schicksal als Verbrecher gezeichnet ist und bestraft wird.

Am 20. Oktober erhielten wir in unserem Hauptquartier einen Bericht, daß feindliche Truppen sich in Jinotega sammelten, um uns in unseren Stellungen anzugreifen, und daß sich von Estelí her eine starke Kolonne aus Moncada-Gefolgsleuten und Söldnern unter dem Kommando der Eindringlinge näherte. Von Ciudad Sandino aus (zuvor El Jícaro) wurde eine starke Kolonne Yankeesöldner ausgemacht, die sich mit den anderen Truppen vereinigen sollte. Wieder einmal war der Moment gekommen, diejenigen zu strafen, die es wagten, in unsere Guerillazone einzudringen.

Am 21. des gleichen Monats schwärmten 4 Kolonnen mit je 150 Dragonern aus unserem Hauptquartier aus. Sie führten zwei Batterien Maschinengewehre Lewis mit sich und hatten zur Aufgabe, die Truppen des Feindes auszumachen und sie im Kampf zu schlagen. Doch da die Verräter und Söldner immer zahlreicher werden, fehlte es nicht an einem, der den Kurs unserer Truppenbewegungen verriet. Der Denunziant in unserem Heer war der Verräter und Söldner Pompilio Reyes, dem schon mehrmals das Leben geschenkt wurde, als er andere üble Streiche machte. Der Verrat von Reyes rettete die Verräter und Invasoren vor einer vollständigen Umzingelung.

Am 22. Oktober hatten wir das Terrain festgelegt, auf dem wir sie bekämpfen würden. Aber sie wichen der Begegnung mit unseren Truppen aus. Als der Feind die Marschroute wechselte, mußte ich alle Guerillaverbände, die an verschiedenen Punkten unserer Zone operierten, zusammenziehen, um unsere Defensive und Offensive besser zu organisieren. Am 25. hatte der Feind einen kurzen Schußwechsel mit einer der Guerillaeinheiten, die in Richtung auf das Hauptquartier unterwegs war. Die Guerillas fügten dem Feind 19 Verluste zu, erbeuteten 17 Maultiere, 9 Munitionskisten für Springfield-Gewehre, 28 leere Säcke und eine große Kiste mit Rauchfleisch und Würsten. Der Feind hatte vom 26.–30. Oktober sein Lager in den Bergen aufgeschlagen, was ihm zum großen Schaden gereichte, denn dadurch hatte ich Gelegenheit, unsere Angriffe besser vorzubereiten.

Die Guerilleros der Nationalen Integrität vergrößern von Tag zu Tag ihre Erfahrungen und vertiefen ihre Kenntnisse, und darum wird es dem Feind sehr schwerfallen, sie zu überraschen. Immer treffen ihn die ersten Salven, dadurch wird er gleich zu Beginn eines Kampfes demoralisiert. Die Ortschaft Quilalí ist, so kann man sagen, die Hauptstadt, wo die Verteidigungsorgane der Nationalen Integrität konstituiert sind, darum erschien es oberflächlich, als ob sie gar nicht befestigt wäre, aber unter der Erde sind gewaltige Sprengladungen so angelegt, daß ein einziger Mann sie in einer Sekunde zünden kann. Wenn der Feind sie also einnehmen und dort zu bleiben versuchen sollte, würde sie vollkommen zerstört werden.

Am 30. Oktober glaubten die Yankees und Verräter, daß wir ihre Truppenbewegungen nicht kannten, weil sie in völliger Stille vor sich gingen. Aber unsere Leute, die sie nicht aus den Augen ließen, folgten ihnen in kurzem Abstand und suchten nach dem geeigneten Terrain und der günstigen Gelegenheit zum Kampf. Die Topographie des Gebietes, durch das die Verräter und Söldner zogen, gab uns nicht die Sicherheit eines vollkommenen Sieges. Darum dachten wir nicht an einen Angriff, und darum beschränkte sich auch der Feind darauf, ohne feste Richtung zu marschieren. Er hatte seinen Angriffsplan geändert, als er sich überzeugt hatte, daß das Verteidigungsheer der Nationalen Souveränität genügend organisiert und bestens vorbereitet war für den Kampf. Die Eindringlinge erhielten Bescheid, daß sie in die größte Katastrophe geraten würden, wenn sie Quilalí besetzten, und darum marschier-

ten sie zurück in Richtung Ciudad Sandino. Sie liefen Tag und Nacht, um aus dem Gebiet herauszukommen, das sie als Gefahrenzone betrachteten.
[...]
Unsere Guerillas wählten den Ort namens La Chonchita, um sie blutig zu strafen. Die Truppen der Verräter und Invasoren beliefen sich auf 450 Mann.
Am 1. November fielen die ersten Sonnenstrahlen auf La Chonchita. Die Fichten bewegten sich unaufhörlich in den ersten Sommerwinden. Um 11 Uhr dieses Tages hat die Geschichte einen der größten Siege des Verteidigungsheeres der Nationalen Souveränität Nicaraguas auf ihren Seiten zu verzeichnen, denn an diesem Tag fand einer der blutigsten Kämpfe für die Unabhängigkeit Nicaraguas statt. [...]
Wir griffen mit einem wahren Kugel- und Bombenregen an, der beim Feind ein großes Durcheinander verursachte und ihn mit Angst und Schrecken erfüllte. [...] Sie wußten nichts besseres, als heillos zu fliehen, denn sie waren völlig verwirrt und demoralisiert, und wer nicht durch einen Schuß oder eine Bombe starb, verlor seinen Kopf durch einen Machetenhieb.
Die Verluste des Feindes beliefen sich auf 94 Mann. Ihr Generalstab wurde vollkommen vernichtet. Wir erbeuteten eine große Menge Munition verschiedenen Kalibers, 90 Gewehre, 70 Maultiere, Arzneikästen und Kleidung, die sie aus dem Hause von Antonio López geraubt hatten, als sie an der Hazienda El Jicarito vorbeizogen.
Vaterland und Freiheit!

A. C. Sandino

El Chipote, den 2. November 1927

17. Erlaß über die Verräter des Vaterlandes
(14. November 1927)

Hauptquartier der Verteidiger der Nationalen Rechte Nicaraguas.
Augusto C. Sandino, Oberkommandierender des Verteidigungsheeres der Souveränität von Nicaragua, gibt kraft der Befugnisse, die ihm das Heer verliehen hat, und gestützt auf die Verfassung seines Landes dem Volk von Nicaragua folgendes bekannt:

Erlaß

Verräter am Vaterland ist

1. jeder Nicaraguaner, der in politischer Absicht mit der Ehre der Nation seinen Handel treibt, die Eroberer Nicaraguas wie auch die Regierung des Weißen Hauses um offizielle Hilfe ersucht oder als Repräsentant der Bastardregierung des Verräters Adolfo Díaz das Land verläßt;

2. wer geheime Abkommen mit dem Feind abgeschlossen hat, sei es als militärischer oder ziviler Chef;

3. wer den Invasoren und Verrätern beim Mord an den nicaraguanischen Patrioten, die die nationale Souveränität verteidigen, Hilfe leistet;

4. wer Informationen schriftlicher oder mündlicher Art gibt, die gegen seine Mitbürger aussagen;

5. wer die Invasoren um Schutz ersucht, unter dem Vorwand, daß sie seine Interessen verteidigen. Das gilt für Einheimische und Ausländer.

Diese Verbrecher erhalten die gleichen Strafen, die in der Verfassung für die Verräter am Vaterland vorgesehen sind.

Gleichfalls gebe ich den Nicaraguanern, dem nicaraguanischen Volk, mit dem mich die engsten Bande vereinen, die mich verpflichten, seine Rechte zu verteidigen, und den Ausländern, die in unserem Land leben, bekannt:

Da das Verteidigungsheer der Souveränität Nicaraguas eine rechtens organisierte und disziplinierte Institution ist, gibt es den Einheimischen und den Ausländern wirkliche Garantien unter der Voraussetzung, daß sie völlige Neutralität wahren.

El Chipote, den 14. November 1927.

Vaterland und Freiheit!

A. C. Sandino.

(GS, S. 302, I)

18. Botschaft
(The World, New York, 2. Januar 1928)

Mögen unsere Stimmen in Havanna gehört werden. Von den Männern, denen es nicht an Mut fehlt, die Wahrheit über unser Unglück zu sagen. Mögen sie es alle Welt wissen lassen, daß das

Volk von Nicaragua, das mutig kämpft und leidet, entschlossen ist, jedes Opfer zu bringen, sogar das seiner eigenen Ausrottung, um seine Freiheit zu verteidigen. Die Ergebnisse, die in Havanna erzielt werden, werden gleich Null sein, wenn das Ideal der Völker spanischer Sprache nicht zur Sprache gebracht wird. Und wenn man zuläßt, daß wir bis auf den letzten Mann getötet werden, werden wir den Trost haben zu wissen, daß wir unsere Pflicht erfüllt haben.

Vaterland und Freiheit!

A. C. Sandino

(GS, S. 330, I)

19. Botschaft an den Panamerikanischen Kongreß
(17. Januar 1928)

Hochverehrter 6. Panamerikanischer Kongreß.
Havanna, Kuba.
Aus dem Feldlager des Verteidigungsheeres der Souveränität Nicaraguas habe ich Ihre Sitzungen in der Hoffnung verfolgt, daß ihr Ergebnis eine effektive Unterstützung unserer Souveränität sein möge. Noch vor Abschluß der Beratungen protestiere ich gegen die Anwesenheit widerrechtlicher Delegierter des sogenannten Präsidenten Adolfo Díaz, protestiere ich gegen die Scheinheiligkeit von Coolidge, der von gutem Willen spricht und Truppen sendet, um Nicaraguaner zu ermorden. Ich protestiere gegen die Haltung der Gleichgültigkeit und Unterwürfigkeit der lateinamerikanischen Delegierten vor den Aggressionsakten der Vereinigten Staaten.
Ich rufe die Schwesterrepubliken auf, den unverzüglichen Abzug der Nordamerikaner zu fordern, die die Autonomie meines Vaterlandes verletzen, und erkläre vor der Weltöffentlichkeit Präsident Coolidge für alle Konsequenzen verantwortlich.
Vaterland und Freiheit!

A. C. Sandino

(EUG, I, 569, S. 25, 1928)

20. Strohpuppen in El Chipote
(Januar 1928)

Wir Sandinisten waren in El Chipote. Wir beobachteten starke Truppenkontingente der Yankees und der Verräter, die uns angreifen wollten. Aber wir legten ihnen Hinterhalte, denn wir wurden rechtzeitig über die Truppenbewegungen informiert. An der Kreuzung mehrerer Wege, die nach El Chipote führen – sie wird Las Cruces genannt – lieferten wir den ersten von fünf Kämpfen, die wir von November bis Januar in diesem Gebiet austrugen. Wir verschanzten uns an geeigneten Stellen in Hinterhalten und Gräben und stellten dort unsere Maschinengewehre auf. Als der Feind dicht genug war, eröffneten wir das Feuer. Eine furchtbare Schlächterei begann. Die Piraten fielen nieder wie Blätter von den Bäumen, indessen wir, gut gedeckt, fast gar keine Verluste hatten. Nach dieser ersten Begegnung legten wir dann auch den Nachschubkolonnen Hinterhalte: in Trincheras, wie dieser Ort von den Spaniern zur Zeit der Konquista benannt wurde; in Varillal, wo der Kampf sehr grausam war; in Plan Grande und drei weitere Male in Las Cruces, wo der letzte Kampf drei Tage dauerte, bis wir uns wieder in El Chipote sammelten. Der Feind hatte viele Verluste, während wir nur etwa dreißig Mann verloren. Wir holten uns hier im Kampf eine nordamerikanische Fahne. Hier starb auch der Kapitän Livingstone, der Chef des Sturmtrupps, dem wir Tagesbefehle, Dokumente und Landkarten abnahmen. Der Piratenchef wurde von Major Fernando Maradiaga durch einen Pistolenschuß getötet.

In Las Cruces starb auch der Piratenkapitän Bruce. Dieser junge Offizier der US-Armee schickte am 24. Dezember seiner Mutter ein Telegramm in die Vereinigten Staaten, in dem er ihr das nahe Ende des Feldzuges ankündigte, denn er glaubte, daß Sandino am 1. Januar schon nicht mehr existieren würde. »Am 1. Januar 1928 werden wir dem Banditen Sandino den Kopf abgehauen haben«, hieß es in dem Telegramm. Aber genau am 1. Januar 1928 war Bruce der Kopf auf die Brust gesunken, war er in einem der Kämpfe von Las Cruces getötet worden. Seinen Feldstecher benutze ich jetzt. Sie sind wirklich ausgezeichnet, diese Feldstecher der US-Armee, in ihrem Futteral und mit ihrem kleinen Kompaß!

Nach diesen Kämpfen, den grausamsten, die in diesem Krieg in Nicaragua stattfanden, sammelten wir uns erneut in El Chipote, dem Angriffsziel der Piraten. Doch die Position wurde immer schwieriger zu halten. Sie hatten uns eingekreist, um unseren Lebensmittelnachschub zu verhindern. Es fehlte uns weder an Waffen noch an Munition, denn in den letzten Kämpfen hatten wir vom Feind große Mengen Munition und ausgezeichnete Waffen erbeutet.

Während der sechzehn Tage Umzingelung überflogen uns täglich Luftstaffeln der Piraten. Um sechs Uhr morgens erschien die erste Staffel mit sechs Flugzeugen und warf ihre Bomben ab. Natürlich beschossen wir sie auch, und mehrere Stahlvögel wurden tödlich verwundet. Nach vier Stunden Bombardement flog eine neue Staffel heran und setzte das Feuer fort, bis nach weiteren vier Stunden wieder eine andere Staffel kam. Und so den ganzen Tag, bis die Nacht hereinbrach.

Die Bombardements verursachten wenige Menschenverluste, denn wir waren gut geschützt, aber etwa zweihundert Pferde aus unserem Pferdetrupp und Rinder zu unserer Ernährung wurden getötet. Das Massensterben der Tiere machte wegen des Verwesungsgestanks der Kadaver den Aufenthalt unerträglich. Die Geier wichen mehrere Tage nicht von der Stelle, und wenn sie uns auch einen guten Dienst erwiesen, denn sie behinderten die Sicht der Piloten, so wurde unser Aufenthalt unter diesen Umständen doch immer schwieriger. Wir beschlossen den Rückzug.

Wir machten uns daran, Strohpuppen zu basteln, denen wir Hüte aufsetzten, wie wir sie auch benutzten, und befestigten sie an den sichtbarsten Stellen von El Chipote. Dann, in der Nacht, zogen wir uns zurück. Noch zwei Tage danach bombardierten die Piloten die Stelle, die schon dem Erdboden gleichgemacht war und wo sich schon niemand mehr befand, bis sie merkten, daß gar kein Feind mehr da war. Als sie kamen und Jagd auf uns machen wollten, waren wir schon weit weg. Sie haben noch viel von unserer Taktik zu lernen. Der Kampf geht weiter, hart, immer intensiver, doch das nordamerikanische Geld korrumpiert und schiebt sich zwischen uns und die Außenwelt, so daß sich Schweigen über unseren Kampf ausgebreitet hat . . .

(EM, SAEC, in GS, S. 305, 306, I)

21. Mit Sandino im Herzen der Berge
von Carleton Beals
(Februar 1928)

I. Mit Sandino im Herzen der Berge

San José, Costa Rica, den 4. März 1928

Sandino wurde am 19. Mai 1895 im Dorf Niquinohomo geboren. Er ist klein, vielleicht fünf Fuß groß. Als ich mit ihm sprach, trug er eine kaffeebraune Uniform. Um den Hals hatte er ein Tuch aus schwarzer und roter Seide, und auf dem Kopf trug er, tief in die Stirn gedrückt, einen breitrandigen Texashut. Manchmal, während er sprach, schob er den Hut nach hinten, und rückte mit dem Stuhl näher an mich heran. Er hat schwarzes Haar, und seine Stirn ist hoch. [...] Seine Augenbrauen sind bogenförmig gewölbt über den dunkelbraunen Augen, in denen keine Pupillen sichtbar sind. Diese Augen sind von äußerster Beweglichkeit. Er hat keine Laster, besitzt einen unfehlbaren Sinn für Gerechtigkeit und fühlt mit den einfachen Soldaten. Ein häufiges geflügeltes Wort von ihm ist: »Diese vielen Kämpfe haben unser Herz hart gemacht, aber unseren Geist bestärkt.« [...]

»Der Tod ist nichts weiter als ein Augenblick des Mißbehagens, und es lohnt nicht, ihn ernst zu nehmen«, wiederholt er jeden Moment seine Soldaten. Oder: »Wer den Tod fürchtet, stirbt eher.«

Es gibt etwas Religiöses im Denken Sandinos. Oft kommt Gott in seinen Sätzen vor. »Gott ist derjenige, der über unsere Leben bestimmt«, oder: »Wir werden siegen, so Gott es will«, oder: »Gott und die Berge sind unsere Verbündeten.« Seine Soldaten führen sehr oft diese Redensarten im Mund.

In dem Interview sprach Sandino von einigen Kämpfen in der Nähe von El Chipote. [...]

Nachdem er mir erzählt hatte, wie sie mehrere Flugzeuge heruntergeholt hatten, nannte er mir seine Forderungen in diesem Krieg. 1. Die Marines müssen das Territorium von Nicaragua verlassen. 2. Ernennung eines zivilen Präsidenten, der unparteiisch ist und der von den Vertretern aller Parteien bestimmt werden soll. 3. Wahlen unter lateinamerikanischer Überwachung.

»An dem Tag, an dem diese Bedingungen erfüllt sind«, sagte Sandino, »werde ich sofort mit den Kampfhandlungen aufhören und meine Truppen auflösen. Im übrigen bin ich entschlossen, keine

Posten in der Regierung anzunehmen, ob sie in Volkswahlen gewählt wurde oder nicht. Außerdem, ich schwöre es, nehme ich weder eine Rente noch irgendwelche Bezahlung an. Ich nehme von niemandem Geschenke an, weder heute noch morgen noch übermorgen noch irgendwann.«

Er stand auf und ging im Raum hin und her, während er diese Worte wiederholte. Mit Vehemenz fuhr er fort: »Nein, niemals werde ich einen Regierungsposten annehmen. Ich kann mir meinen Lebensunterhalt selbst verdienen, bescheiden für mich und meine Frau. Mein Beruf ist Mechaniker, und wenn es sein sollte, kehre ich wieder zu ihm zurück. [...] Wir kämpfen in unserem eigenen Land für unsere unveräußerlichen Rechte. Mit welchem Recht nennen uns die ausländischen Truppen Banditen? Wir sind hier zu Hause. Wir werden niemals einverstanden sein, feige in Frieden zu leben, während es eine Regierung gibt, die von einer fremden Macht eingesetzt wurde. Ist das Patriotismus oder nicht? Wenn der Eindringling besiegt ist, werden sich meine Männer mit ihrem Leben auf einem Stück Land, mit ihren Werkzeugen, ihren Maultieren, ihren Familien zufriedengeben.«

Managua, den 20. Februar.

San Rafael del Norte ist eine kleine Stadt mit Häusern aus Lehm, die mit Dachziegeln bedeckt sind. Sie liegt rechts vom Weg nach Yalí, im Departement Nueva Segovia, in einer engen Schlucht, durch die ein kleiner Bergfluß fließt. Auf der anderen Seite des Berghanges, wenn man den hohen Kamm des Berges Yucapuca und ein dichtbesiedeltes kleines Tal überquert hat, liegt Jinotega, die Departementshauptstadt. Weiter südlich liegen die Departements Estelí und León. Dieses ganze Gebiet ist sehr gut geeignet für den Guerillakampf, und es ist liberaler Gesinnung. Ein kleiner Erfolg Sandinos genügt, und das ganze Gebiet ist in Aufruhr. Hier und dort, weit verstreut, operieren die Kolonnen Sandinos. Weiter zur Grenze nach Honduras zu, in der Nähe von Chinandega, ist die lokale Wache gerade vor einem Monat geflohen und hat sich Sandino angeschlossen. So stellt San Rafael einen Ausgangspunkt dar sowohl für den Westen, wo wir jetzt sind, als auch für den Süden, wo Jinotega, Matagalpa und das umkämpfte Muymuy liegen, wo die gemischten Truppen von Díaz und den Marines das liberale Heer vor Abschluß des Stimson-Moncada-Vertrages nicht aufhalten konnten. Sandino hat die zweite Route gewählt, weil er sie besser kennt, denn er geht sie ja schon das dritte Mal. In der Nähe von San Rafael sind noch immer die Gräben der liberalen Truppen, und in der Nähe von Yucapuca sind Steingräben den ganzen Berg entlang angelegt. San Rafael selbst ist auf seiten von Sandino und kennt ihn schon seit langem. Hier hat er vor einem Jahr die Telegrafistin des Ortes, Blanca Arauz, in der kleinen weißen Kirche des Ortes geheiratet.

Ich kam morgens um vier Uhr zu Sandino. Während wir sprachen, war seine häufigste Geste die mit dem Zeigefinger. Unveränderlich saß er etwas nach vorn gebeugt, während er sprach. Ein- oder zweimal stand er auf und verlieh seinen Worten mit einer Bewegung des ganzen Körpers mehr Gewicht.

Sein Ausdruck ist fließend, genau, klar akzentuiert. Seine Stimme hell. Während der viereinhalb Stunden, die wir sprachen, sah ich ihn nicht einmal in der Suche nach einem Wort schwanken. Seine Gedanken sind epigrammatisch geordnet. Es gab nicht eine Seite des nicaraguanischen Problems, der er ausgewichen wäre. In militärischen Fragen erschien er mir sicher, wenn auch ein wenig aufschneiderisch und seine Erfolge übertreibend. Allerdings ist er sehr listig, kennt das Land genau, und mir erscheint es sehr schwierig, ihn dort aufzugreifen. Da er in seinem Rücken die Berge des Nordens und des Westens hat, kann er weder von 2 500 noch von 5 000 Marines abgeschnitten werden. Er dagegen ist in der Lage, sich frei in der ganzen Länge des Gebietes zu bewegen, in dem sich diese Berge vereinen, also von Muymuy bis zur Grenze mit Honduras, das heißt auf über der Hälfte der Strecke quer durch Nicaragua. Und dabei findet er überall ausreichend zum Leben, denn das ist eine sehr fruchtbare Gegend. Während die amerikanischen Truppen, wenn sie das gleiche Gebiet kontrollieren und ihre Verbindungslinien mit Managua und León nicht unterbrechen wollten, sich auf einem um die Hälfte größeren Bogen bewegen müßten. Die Soldaten Sandinos, die abgehärtet sind und gewohnt, alles zu essen, was sie finden, sind in vielem im Vorteil während der kommenden Regenzeit. Die amerikanischen Truppen, die unter einem für sie ungünstigen Klima operieren müssen, sind dann von Managua, León und den Küstenstädten völlig abgeschnitten, denn die Wege sind fußhoch mit Schlamm bedeckt und nicht mehr befahrbar. Nicht einmal mit Ochsengespannen. [...]

Der erste Befehl, den Sandino bei seiner Ankunft in San Rafael erteilte, lautete, daß der Soldat, der sich an fremdem Eigentum

vergreife, erschossen wird. In meinen Gesprächen mit den Laden-
besitzern der Stadt konnte ich mich überzeugen, daß Sandinos Kolonnen sich äußerst diszipliniert verhalten und alles haben, was sie
benötigen.

Sandino selbst sagte zu mir: »Ein gewisser Oberst Porfirio Sánchez kam vor mir in Yalí an und befahl den Bewohnern der Stadt,
ihm Geldabgaben zu zahlen. Ich schloß ihn aus dem Verteidigungsheer der Souveränität Nicaraguas aus, und wenn ich ihm einmal
begegnen sollte, schieße ich ihn nieder. Das Geld, das er sich auf
diese Weise angeeignet hat, ist bereits zurückgezahlt worden. Sehen
Sie diese Quittung für 2 000 Pesos, unterschrieben von Elvira
Rodríguez, das habe ich bezahlt.«
[...]

II. Im nicaraguanischen Urwalddickicht / Bandit oder Patriot?

Jeder, der in das Verteidigungsheer der Nationalen Souveränität
Nicaraguas eintritt, muß eine Art Vertrag unterschreiben, den Sandino selbst im September 1927 in El Chipote verfaßt hat und der
unter anderem folgende Bedingungen enthält:
1. Die Souveränität Nicaraguas zu verteidigen und den Militärgesetzen zu gehorchen.
2. Sich weigern, die Befehle von Adolfo Díaz und der Ausländer
auszuführen, immmer aber dabei versuchend, sich würdig zu verhalten.
3. Nicht nur die Liberalen zu verteidigen, sondern alle Nicaraguaner, die von der gegenwärtigen Regierung verraten worden sind.
4. Widerspruchslos die Befehle des Obersten Chefs des Heeres auszuführen.
5. Alle Rechte der Bürger zu respektieren.
7. Keine geheimen Abkommen mit dem Feind einzugehen.
9. Disziplin zu wahren.
10. Keinen Sold zu erwarten. Nur die notwendige Ausrüstung wie
Kleidung, Munition und Nahrung stehen einem zu.
[...]
14. Demgegenüber verpflichtet sich der Oberste Chef des Heeres,
weder mit einer Person noch mit einer politischen Gruppe politische
Kompromisse zu schließen.

Nachdem mir Sandino das vorgelesen hatte, sagte er: »Wie Sie sehen, arbeiten wir für alle Nicaraguaner, die konservativen wie die
liberalen. Oberst X zum Beispiel ist konservativ, aber er ist davon

überzeugt, daß unsere Sache gerecht ist. Wir wollen nichts anderes, als den ausländischen Eindringling vertreiben.«

»Aber da ihr nicht stark genug seid, wird alles nur noch schlimmer, denn euer Widerstand bewirkt, daß immer mehr Marines kommen und die Intervention immer größere Ausmaße annimmt«, sagte ich zu ihm.

»Wir«, antwortete er, »protestieren nicht gegen die Ausmaße der Invasion, sondern gegen die Invasion überhaupt. Die USA haben sich viele Jahre lang in die inneren Angelegenheiten Nicaraguas eingemischt. Wir können uns nicht auf ihr Versprechen verlassen, daß sie eines Tages aus unserem Land abziehen werden. [...]«

»Stimmt es«, fragte ich ihn, »daß, wie es heißt, der größte Teil Ihres Heeres aus Abenteurern aus Mexiko und anderen Ländern Mittelamerikas besteht?«

»Nein. Ich habe Offiziere aus Costa Rica, Guatemala, aus El Salvador, Honduras und auch zwei oder drei aus Mexiko, die hierher kamen, weil sie sich von der Gerechtigkeit unserer Sache angezogen fühlten, aber sie sind in der Minderheit. Der Kern meines Heeres besteht aus Nicaraguanern, und die Offiziere, die am längsten an meiner Seite sind, sind Nicaraguaner. Viele Offiziere aus anderen Ländern sind zu mir gekommen, das stimmt, aber ich habe sie meistens wieder weggeschickt.

Unser Heer«, sagte Sandino, »ist treu und erfahren. Es besteht aus Arbeitern und Bauern, die ihr Land lieben. Die Intellektuellen haben uns verraten, und ihretwegen mußten wir zu den Waffen greifen. Alles, was wir erreicht haben, verdanken wir unserer eigenen Kraft.«

»Und stimmt es, daß zwei gefangene Marines Ihnen gezeigt haben, wie man Bomben anfertigt?«

»Das ist eine Lüge der Marines, um ihre Niederlage zu verschleiern. Für den Stolz der Vereinigten Staaten ist es befriedigend zu wissen, daß uns alles, was wir wissen, von den Marines beigebracht worden sei ...«

Dann wandte er sich an einen Adjutanten und sagte ihm, er solle den Sprengmeister holen lassen.

Kurz darauf kam ein junger Mann und erklärte mir, wie die Bomben hergestellt werden: Eine bestimmte Menge Dynamit wird fest mit Rohleder umwickelt, hinein kommen Steine, Nägel, Glasscherben, Metallsplitter usw. Zur Anschauung gab er mir ein schweres Etwas in die Hand, das in ein Stück Leder gewickelt war. Es war mit Lederriemen zusammengebunden und ähnelte einem dieser »Teddy-Bears«, mit denen die Kinder spielen. Aber mir wurde erklärt, daß man mit ihnen, wenn man sie richtig zu werfen verstand, große Teile einer Kompanie vernichten konnte. Der Sprengmeister erklärte mir auch die Technik der Dynamitraketen, mit denen man Flugzeuge vom Himmel holte.

Sandino gab mir eine Liste der Kämpfe, die in der Umgebung von El Chipote während der letzten sechs Monate stattfanden. Seine Bilanz scheint mir übertrieben, wie es auch die der Marines, vielleicht sogar noch mehr, ist.

1. El Chipote: 20 getötete Nordamerikaner.

2. El Ocotal: 80 getötete Nordamerikaner.

3. San Fernando: Niederlage der Sandinisten.

4. Santa Clara: Niederlage der Sandinisten.

5. Murra: 18 getötete Nordamerikaner; zwei Verletzte, ein Soldat beging Selbstmord. Ein Maschinengewehr Thompson und 11 Gewehre erbeutet.

6. Telpaneca: zahlreiche Waffen und große Mengen Munition erbeutet.

7. Las Cruces (fünf Kämpfe): 250 bis 300 getötete Amerikaner. Eine Fahne der USA bei einem der Kämpfe erbeutet. Der Fähnrich weigerte sich, sie herauszugeben, und es mußten ihm die Hände mit einer Machete abgehauen werden. Er war tapfer und verdient Lob.

8. San Pedro de Susucuyan: 15 getötete Amerikaner. Vier automatische Gewehre erbeutet.

9. Zapaotillal: ein Flugzeug heruntergeholt.

10. La Conchita: zwischen 60 und 80 getötete Marines.

11. San Pedro de Hule: keine Angaben.

12. Plan Grande: keine Angaben.

13. Buenavista: Niederlage der Sandinisten.

14. Las Delicias: Niederlage der Sandinisten.

15. Amucayan: ohne Angaben.

16. Barellal: ohne Angaben.

17. Santa Rosa: 36 getötete Amerikaner.

18. El Mantiado: ohne Angaben.

Ich fragte Sandino, warum er El Chipote verlassen habe.

»Wir verließen El Chipote ohne einen einzigen Schuß abzugeben. [. . .] Wir beschlossen, den Krieg auf das Territorium unserer Feinde zu übertragen. Die Schlacht, die die Marines in El Chipote gewannen, war ein falscher Sieg. [. . .] Nachdem die Marines vier Monate lang versucht hatten, El Chipote einzunehmen, nachdem sie Soldaten, Munition und Lebensmittel in Ocotal, Nueva Segovia, konzentriert hatten in Vorbereitung auf den Generalangriff, erhalten sie die Nachricht, daß ich bereits in Jinotega bin, im Herzen Nicaraguas. Jetzt können sie mehr und mehr Marines, mehr und mehr Vorräte nach Jinotega bringen, aber wenn sie alles zum Großangriff fertig haben, bin ich schon in Matagalpa oder Trinidad, in Nueva Segovia, in Muymuy, in León oder wo auch immer.«

»Was sind nach Ihrer Meinung die Beweggründe der amerikanischen Regierung?«

»Die amerikanische Regierung«, sagte er mit einem schelmischen Lächeln, »möchte das Leben und das Eigentum der Amerikaner schützen. Doch ich versichere Ihnen, daß ich noch niemals auch nur eine Stecknadel angerührt habe, die einem Amerikaner gehörte. Ich habe das ausländische Eigentum respektiert, und kein Yankee, der nicht mit der Waffe in der Hand nach Nicaragua gekommen ist, kann sich über uns beklagen.«

»So glauben Sie also, daß das mit dem Schutz der amerikanischen Bürger und ihres Eigentums nichts als ein Vorwand ist?«

»Die Wahrheit ist, daß die amerikanische Regierung eine Reihe von sehr vorteilhaften Abkommen mit der Regierung abgeschlossen hat, die jetzt an der Macht ist, und daß sie eine andere Regierung fürchtet. Aber wenn ich der amerikanischen Regierung angehören würde und die gegenwärtige Regierung Nicaraguas gezwungen hätte, die Rechte des nicaraguanischen Volkes zu verkaufen, dann hätte ich doch nachgegeben, nachdem ich gesehen hätte, auf welcher Seite die Gerechtigkeit ist. Ich hätte kehrtgemacht, bevor ich ein Land mit Blut befleckt hätte.«

[...]

»Wenn ihr Gewissen sich nicht durch die materielle Bereicherung verhärtet hätte, würden die Amerikaner nicht so leicht vergessen, daß ein Volk früher oder später, so schwach es auch sein mag, seine Freiheit erringen wird und daß jeder Mißbrauch der Macht die Vernichtung desjenigen, der sie innehat, nur beschleunigt.

Wir gehen der Sonne der Freiheit oder dem Tod entgegen. Wenn wir sterben, wird unsere Sache weiter am Leben bleiben, denn andere werden auf uns folgen.«

(Aus: The Nation, EUG, XI, 571, S. 17, 1928)

22. Der Kampf von El Bramadero
(27. Februar 1928)

Es war am 27. Februar. Wir kannten bereits die Taktik der Yankees, und wir schlugen sie mit ihren eigenen Waffen. Wir stellten unsere Maschinengewehre an strategischen Punkten auf und verlegten uns aufs Warten. Die gesamte Brigade kam auch wirklich an den Ort, wo wir es wünschten. Es näherte sich der Moment ... und unsere Kriegsmaschinen ratterten los, daß sie fast vor Hitze schmolzen. Die armen Yankees fielen wie die Spatzen. Es war das größte Gemetzel, das ich je in meinem Leben gesehen habe. Sie schossen auf gut Glück, verzweifelt, wie verrückt. Sie kletterten auf die Bäume und fielen von den Maschinengewehrsalven durchlöchert zu Boden. Sie versuchten die Stellen anzugreifen, woher das Feuer kam, aber sie kamen nicht weit. Ihre Körper waren ungedeckt und boten unseren Kugeln ausgezeichnete Ziele. Ihre Waffen, die Waffen, die der Bischof von Granada gesegnet hatte, waren ihnen zu nichts nütze. Sie flohen in wilder Auflösung. Unser Sieg war vollkommen. Das Kampffeld, ein gewaltiges Zuckerrohrfeld, das vom Wind völlig ausgetrocknet war, war mit Hunderten von Toten und Verwundeten übersät. Wir steckten das Feld an allen vier Ecken in Brand. Mit dem Ungeziefer mußte Schluß gemacht werden! Die Flammen schlugen hoch auf. In der Geschichte unserer Kämpfe heißt dieser der Kampf von El Bramadero.
Doch Sandino hatte ein großes Herz. Es war eine unerhörte Grausamkeit, die Verwundeten, die sich nicht rühren konnten, zu verbrennen. Sicher, sie hatten die nicaraguanischen Frauen vergewaltigt, sie waren die Invasoren, die Diebe der Kirchenheiligtümer, aber es waren menschliche Wesen.
»Trotz allem«, sagte der Guerillero, »es sind meine Brüder.«
Und der Held wuchs über sich hinaus und ließ das Feuer löschen und die Verwundeten holen.
Bevor wir uns von El Bramadero zurückzogen, nahmen wir eine großartige Kriegsbeute mit: Lewis-Maschinengewehre und Colts, automatische Gewehre, zahlreiche Thompson-Pistolen und eine große Menge Munition. Außerdem das goldene Weihrauchgefäß, das aus der Kirche von Yalí gestohlen war. Ich gab es den wichtigsten Persönlichkeiten von El Bramadero, damit sie es der Kirche zurückgaben.

(EM, SAEC, in GAB, S. 51, 52)

23. Augusto Sandino, der Held Lateinamerikas
von Max Grillo
(2. Juni 1928)

An der Felswand ein Bild, das Bild Bolívars. »Ich bin ein Sohn
Bolívars«, sagte Sandino zu seinem Gast und fügte hinzu: »Wenn
ich 2 000 Männer wie meine Jungens hätte, würde ich ein Heer von
10 000 Marines aus Nicaragua verjagen. Sie verstehen es nicht zu
kämpfen. Sie betrinken sich, es fehlt ihnen an Initiative. In meinem
Lager trinkt niemand Alkohol, meine Männer trinken nur reines
Wasser, allerdings aus bestimmten Brunnen und Quellen, denn ich
mußte leider die Mehrzahl von ihnen ungenießbar machen, ein ge-
rechter Vergeltungsakt gegen die tödlichen Gase, die die Nordamerikaner verwenden.
Ich akzeptiere den Krieg, wie ihn die Invasoren meines Landes bestimmen. Sie sind zu stark und mächtig ... Ich, ein schwacher Soldat. Gott wird das letzte Wort sprechen! Ich weiß, daß man mich in
Washington einen Banditen nennt, aber Sandino und seine Männer
vergewaltigen niemals Frauen, noch verstümmeln sie die Leichname
ihrer Feinde. Sehen Sie sich dieses Foto an. Kehren Sie in Ihr Land
zurück, und erzählen Sie, was Sie gesehen haben. Reisen Sie nach
Europa, und sagen Sie in Paris, daß der Bandit Sandino seine bescheidenen Siege nicht mit Schande bedeckt. Ich habe Gefangene,
unter ihnen einen hohen Offizier, für dessen Auslieferung man mir
5 000 Dollar geboten hat. Man hat mir auch 50 000 Dollar geboten,
damit ich Frieden schließe, als ob derjenige, der den Tod nicht
fürchtet, an das Gold der Feinde seines Vaterlandes denken könnte.
Wie kann man mich auf die gleiche Stufe mit einem Díaz stellen!«
»Und welches sind die Grenzen Ihrer Republik Nueva Segovia?«
erkundigte sich sein Freund.
»Mein Vaterland, für das ich kämpfe, hat das spanische Amerika
als Grenze. Als ich meinen Kampf begann, dachte ich nur an Nicaragua. Dann, mitten im Kampf und als ich sah, wie das Blut der
Eindringlinge den Boden meines Landes bedeckte, dachte ich in
anderen Dimensionen. Ich dachte an eine mittelamerikanische Republik, deren Wappen einer meiner Gefährten gezeichnet hat. Sehen Sie: einen ausgestreckten Arm, der fünf Berge trägt, und auf
der höchsten Bergspitze ein Quetzal. Sie wissen, der Quetzal ist der
Vogel der Freiheit, denn vierundzwanzig Stunden nach Verlust
seiner Freiheit stirbt er.«

»Ich habe«, fuhr Sandino fort, »in dem Gebiet, das wir unter Kontrolle haben, eine Regierung gebildet. Mit dem vom Feind erbeuteten telefonischen Material habe ich ein weitverzweigtes Fernsprechnetz geschaffen. Aus dem Gold der im Umkreis befindlichen Goldminen habe ich Münzen geprägt. Sagen Sie ganz Lateinamerika, daß, während Sandino atmet, die Unabhängigkeit Mittelamerikas einen Verteidiger hat. Niemals werde ich meine Sache verraten. Darum nenne ich mich einen Sohn Bolívars...«

(GS, EPEL, S. 311, 312)

24. Brief an Froylán Turcios
(10. Juni 1928)

El Chipotón, den 10. Juni 1928
An Froylán Turcios. Tegucigalpa.
Sehr geehrter Meister und Freund!
[...]
Im Namen von Nicaragua, Honduras, Guatemala und in Gottes Namen flehe ich Sie, lieber Freund, und alle Männer mit Verstand und patriotischen Gefühlen an, in Mittelamerika unter allen Umständen die Erhitzung der Gemüter und die Spaltung unter uns zu verhindern. Wir alle müssen dem Volk Lateinamerikas zeigen, daß uns keine Grenzen trennen dürfen und daß wir alle die Aufgabe und die Pflicht haben, uns um das Schicksal eines jeden der Völker Lateinamerikas zu sorgen, weil wir alle das gleiche Schicksal durch die koloniale Eroberungspolitik der Yankee-Imperialisten erleiden.
Die blonden Bestien beobachten von Nordamerika aus gierig unsere Bewegungen auf politischem und ökonomischem Gebiet: Sie kennen die Unbeständigkeit unseres Charakters und versuchen, die schwierigen Probleme, die es zwischen dem einen und dem anderen Land gibt, ungelöst schwelen zu lassen. Etwa die Frage der Grenzen zwischen Guatemala und Honduras oder zwischen Honduras und Nicaragua, die Kanalfrage zwischen Nicaragua und Costa Rica, die Frage des Golfes von Fonseca zwischen El Salvador, Honduras und Nicaragua, die Frage von Tacna und Arica zwischen Peru und Chile. Und in diesem Stil gibt es eine ganze Kette wichtiger Fragen,

die noch ungelöst sind. Die Yankees haben uns gut studiert und nutzen unseren Kulturstand und die Unbeständigkeit unseres Charakters aus, um das Feuer zu schüren, immer wenn es ihren Interessen zusagt.

Die Yankees sind die schlimmsten Feinde unserer Völker, und wenn sie sehen, daß wir in Momenten ehrlicher patriotischer Gefühle nach Vereinigung streben, rühren sie schnell unsere schwelenden Probleme auf, so daß sich der Haß zwischen uns entzündet und wir weiter unvereint und schwach bleiben und aus dem gleichen Grund leicht zu unterwerfen.

Wir sind mitten im 20. Jahrhundert, und es ist die Zeit gekommen, der ganzen Welt zu beweisen, daß die Yankees bis heute ihre Losung verdrehen konnten. Nach der Monroe-Doktrin heißt es: *Amerika für die Amerikaner*. Das ist gut gesagt. Wir alle, die wir in Amerika geboren werden, sind Amerikaner. Aber der Irrtum besteht darin, daß die Imperialisten die Monroe-Doktrin so ausgelegt haben: *Amerika für die Yankees*. Darum: Damit die blonden Bestien nicht weiter in ihrem Irrtum befangen bleiben, verändere ich den Satz wie folgt: *Die Vereinigten Staaten von Nordamerika für die Yankees. Lateinamerika für die Lateinamerikaner.*

Wenn man diese Sätze als Losung nimmt, und so sollte es sein, dann können die Yankees nur als Gäste in unser Lateinamerika kommen. Niemals aber als Herren und Gebieter, wie sie es sich heute anmaßen. Es sollte niemanden erstaunen, wenn ich eines Tages mit meinem Heer in einem anderen Land Lateinamerikas zu finden sein sollte, in das der mörderische Invasor seinen Fuß in kolonialen Eroberungsabsichten gesetzt hat.

Sandino ist Lateinamerikaner, und für ihn gelten in Lateinamerika keine Gernzen.

Damit möchte ich für heute schließen und sende Ihnen, lieber Meister, die aufrichtigsten Grüße meines Herzens, aus dem ich heute in diesem Brief zu Ihnen gesprochen habe.

Vaterland und Freiheit!

A. C. Sandino

(GS, S. 27, 28, II)

25. Brief an die Präsidenten Lateinamerikas
(4. August 1928)

El Chipotón, den 4. August 1928
Meine sehr geehrten Herren Präsidenten!

Da unsere fünfzehn Völker am meisten darunter leiden würden, wenn wir es zuließen, daß die Yankees Nicaragua zu einer Kolonie des Onkel Sam machen, erlaube ich mir, mich heute an Sie zu wenden, nicht mit falschen und scheinheiligen dipomatischen Höflichkeitsfloskeln, sondern in dem direkten und aufrichtigen Ton des Soldaten.

Die Yankees wollen sich in einem Rest von Schamgefühl hinter dem Projekt des Baus eines interozeanischen Kanals quer durch Nicaragua, der die Isolierung zwischen den indohispanischen Republiken zur Folge hätte, verbergen. Die Yankees, die sich keine Gelegenheit entgehen lassen, würden sich die Entfremdung unserer Völker zunutze machen, um den Traum zu verwirklichen, den sie bereits den Kindern in der Grundschule einflößen: Wenn ganz Lateinamerika eine angelsächsische Kolonie geworden ist, wird es am Himmel ihrer Fahne nur noch einen einzigen Stern geben.

Fünfzehn Monate lang hat das Verteidigungsheer der Nationalen Souveränität Nicaraguas, von den lateinamerikanischen Regierungen mit kalter Gleichgültigkeit beobachtet und ganz auf seine eigenen Mittel und Kräfte angewiesen, mit Würde und Erfolg gegen die schrecklichen blonden Bestien und die Rotte der abtrünnischen Verräter von Nicaraguanern, die dem Invasor bei seinen verhängnisvollen Plänen Hilfe leisten, gekämpft.

Während dieser Zeit, meine Herren Präsidenten, haben Sie Ihre Pflicht und Schuldigkeit nicht getan, denn Sie sind als Präsidenten freier und souveräner Völker verpflichtet, in diplomatischen Noten oder, wenn es notwendig ist, mit den Waffen, die Ihnen das Volk anvertraut hat, gegen die unaussprechlichen Verbrechen zu protestieren, die die Regierung des Weißen Hauses kaltblütig und ohne jedes Recht in unserem unglücklichen Nicaragua auszuüben befiehlt, das keine andere Schuld hat, als daß es weder die Peitsche, mit der man es geißelt, noch die Faust, die es ohrfeigt, küssen will.

Vielleicht denken die lateinamerikanischen Regierungen, daß die Yankees nur auf die Eroberung Nicaraguas aus sind und sich damit zufriedengeben? Vielleicht haben diese Regierungen vergessen, daß bereits 6 von 21 amerikanischen Republiken ihre Souveränität verloren haben?! Panama, Puerto Rico, Kuba, Haiti, Santo Domingo und Nicaragua sind die sechs unglücklichen Republiken, die ihre Unabhängigkeit verloren haben und zu Kolonien des Yankee-Imperialismus geworden sind. Die Regierungen dieser sechs Völker verteidigen nicht die kollektiven Interessen ihrer Mitbürger, denn sie gelangten nicht durch den Willen des Volkes an die Macht, sondern wurden durch den Imperialismus auf ihre Posten gebracht, und darum verteidigen sie auch die Interessen der nordamerikanischen Bankiers. Diesen sechs unglückseligen hispanoamerikanischen Völkern ist nur noch die Erinnerung an ihre einstige Unabhängigkeit und die ferne Hoffnung geblieben, eines Tages ihre Freiheit durch die überragenden Anstrengungen einiger weniger ihrer Söhne zu erlangen, die unermüdlich dafür kämpfen, ihr Vaterland aus der Schmach und Schande, in die es die abtrünnigen Verräter gestürzt haben, zu befreien.

Die koloniale Unterwerfung unserer Völker durch die Yankees greift schnell um sich, ohne daß sie auf ihrem Vormarsch auf eine Mauer aus Bajonetten stieße. Darum wird ein jedes unserer Völker, wenn es an die Reihe kommt, ohne große Anstrengung besiegt, weil noch hinzukommt, daß sich bis heute jeder nur für sich selbst verteidigt hat. Wenn die Regierungen der Völker, die an der Spitze Lateinamerikas stehen, von einem Simón Bolívar, einem Benito Juárez oder einem San Martín angeführt würden, sähe unser Schicksal anders aus. Denn sie wußten genau, daß auch Mexiko, Kolumbien, Venezuela usw. an die Reihe kämen, wenn Mittelamerika sich in den Händen der blonden Piraten befände.

Was würde aus Mexiko werden, wenn die Yankees ihre verhängnisvolle Absicht erreichten, Mittelamerika zu kolonisieren? Das heldenhafte mexikanische Volk könnte trotz seiner Tapferkeit nichts ausrichten, denn es wäre sofort in der Zange des Onkel Sam, und die Hilfe, die es von den Nachbarvölkern erwartet, kann nicht kommen, denn der Kanal von Nicaragua und die Schiffsbasen im Golf von Fonseca verhindern das. Und so müßte es isoliert und ganz auf sich selbst gestellt gegen den Yankee-Imperialismus kämpfen, genau wie es uns jetzt ergeht.

Die berühmte Carranza-Doktrin besagt, daß Mexiko aufgrund seiner geographischen Lage der vorgeschobene Wachtposten der lateinamerikanischen Völker sein muß – und so ist es auch in Wirklichkeit. Welche Haltung wird die gegenwärtige mexikanische Regierung hinsichtlich der Politik der USA in Mittelamerika einnehmen?

Vielleicht haben die Regierungen Lateinamerikas nicht begriffen, daß die Yankees sich über ihre vorsichtige Politik Nicaragua gegenüber lustig machen. Es ist wahr, daß Brasilien, Venezuela und Peru im Moment keine Probleme der Einmischung in ihre inneren Angelegenheiten haben, wie sie es durch ihre Repräsentanten in der Diskussion um das Interventionsrecht auf der Panamerikanischen Konferenz in Havanna zum Ausdruck gebracht haben. Aber wenn diese Regierungen ein größeres Bewußtsein ihrer geschichtlichen Verantwortung hätten, würden sie nicht warten, bis die fremden Eroberer ihren eigenen Boden verwüstet hätten, sondern zur Verteidigung eines Brudervolkes herbeieilen, das mit dem Mut und der Ausdauer kämpft, die die Verzweiflung vor einem hundertmal stärkeren und mit allen modernen Waffen ausgerüsteten Feind gibt. Können Regierungen, die sich in so tragischen und entscheidenden Stunden der Geschichte verhalten, wie es Brasilien, Venezuela, Peru und Kuba taten, in der Zukunft eine moralische Autorität bei den anderen Brudervölkern haben? Werden sie das Recht haben, angehört zu werden?

Heute wende ich mich an die Völker Lateinamerikas. Wenn eine Regierung die Hoffnungen ihrer Mitbürger nicht erfüllt, haben jene, die ihnen die Macht gaben, das Recht, sich von tapferen Männern vertreten zu lassen, die der Idee einer wirklichen Demokratie anhängen, und nicht von Haustyrannen, denen es an Moralgefühl und an Patriotismus fehlt und die den Stolz eines Volkes beschämen.

Wir sind 90 Millionen Lateinamerikaner, und wir sollten einzig und allein an unsere Verteidigung denken und begreifen, daß der Yankee-Imperialismus der brutalste Feind ist, der uns bedroht, daß er der einzige ist, der entschlossen ist, in seiner kolonialen Eroberungspolitik unserer Ehre und unserer Freiheit ein Ende zu bereiten.

Die Tyrannen repräsentieren nicht die. Völker, und die Freiheit erobert man nicht mit Blumen.

Darum müssen wir, um eine Einheitsfront zu bilden und dem Vormarsch des Eroberers Einhalt zu gebieten, erst einmal damit anfangen, daß man uns in unserem eigenen Haus respektiert. Wir dürfen nicht zulassen, daß blutige Despoten wie Juan Vicente Gómez oder Leguía, Machado und andere uns vor der Welt lächerlich machen, wie sie es in der Pantomime von Havanna machten.

Wir würdigen Männer Lateinamerikas müssen nach dem Vorbild

von Bolívar, Hidalgo, San Martín und den mexikanischen Kindern handeln, die am 13. September 1847 von Yankee-Salven in Chapultepec niedergeschossen wurden und in Verteidigung des Vaterlandes und ihres Volkes starben. Und niemals dürfen wir einwilligen, ein Leben in Schimpf und Schande zu leben, wie es uns der Yankee-Imperialismus aufzwingen will.

Vaterland und Freiheit!

Augusto C. Sandino

(GS, S. 34–37, II)

26. Wie ein Mann
(September 1928)

Vor zwei Jahren im September, wir waren in den Bergen von Quilalí, blieb meine Kolonne in der Feuerlinie und wartete auf vier konservative Generäle, die mit Maschinengewehren bewaffnet waren und ungestraft Liberale ermordeten, ja in ihren feigen Morden nicht einmal deren Familienangehörige verschonten.

Auf einem der Wege, die wir »picadas« nennen, das sind steile, unwegsame Pfade, die nur »vaqueanos«, die Wegführer, kennen, gelangte ein Junge von neun Jahren zu mir in die Linie. Er wollte mit dem Autor dieser Zeilen sprechen. Als er sich mir näherte und ich ihn begrüßte, gab er mir in dem gleichen Moment, in dem er meinen Gruß erwiderte, einen Hanfbeutel, in dem Bananen und Jukka mit Speckgrieben waren.

Wie so viele Kinder unseres Amerikas hatte dieser Junge reiner Indioabstammung, in dessen Augen der unzähmbare Stolz unserer Vorfahren leuchtete, etwas an, das früher einmal ein Unterhemd gewesen sein mußte, wie man es an den hochgekrempelten Ärmeln sehen konnte, und das ihm nur noch in Lumpen herunterhing. Außerdem eine Unterhose, die ihm auch in Fetzen am Körper hing.

Alles an diesem Jungen war ein lebendiger Protest gegen die heutige zivilisierte Welt, und das tiefe Staunen in seinem Blick schnürt mir noch heute in Erinnerung an diese Szene vor Bewegung die Kehle zu.

Als ich ihm den Beutel zurückgab, ihm für alles dankte und Grüße an seine Eltern auftrug, sagte er: »Ich möchte zu Ihren Soldaten gehören, ich möchte eine Waffe und Munition haben, um gegen die Banditen zu kämpfen, die uns in unseren Häusern töten. Wir zu Hause erfuhren, daß Sie in den Bergen sind, und darum bin ich gekommen, um Ihnen diese Dinge zu bringen, damit Sie zu essen haben.«

Er wurde in unsere Kolonne aufgenommen, denn er ließ sich nicht davon überzeugen, daß er in seinem Alter den Strapazen des Krieges noch nicht gewachsen war. Er hat an 36 Kämpfen teilgenommen und trägt heute anstatt der Lumpen eine schöne Uniform.

Es ist ein KIND, das ein MANN ist.

Zwischen ihm und einem anderen Jungen, der nur wenige Monate älter ist und fast zur gleichen Zeit in einer ähnlichen moralischen und physischen Verfassung in unser Heer aufgenommen wurde, fand einmal folgendes Gespräch statt:

»Mir ist, als hätten sie mir eine Binde von den Augen genommen«, sagte der erstere. »Ich würde gern durch die 20 Republiken Lateinamerikas reisen, denn die Kameraden, die aus diesen Republiken zu uns gekommen sind, um mit uns gegen die ›Machos‹ zu kämpfen, sagen, daß wir 90 Millionen Lateinamerikaner sind, und wie du wissen wirst, hat unsere Revolution ja zum Ziel, unsere Völker gegen die Yankee-Imperialisten zu vereinen.«

»Sehr gut, Bruder«, antwortete der andere, »daß du an so etwas denkst, und wir wollen nie die Hoffnung verlieren, daß wir eines Tages als Abgesandte unseres Landes in diese schönen Länder fahren werden.«

Könnten diese Kinder denken, wie sie es heute tun, wenn sie weiter vergessen in ihren Elendshütten lebten?

[...]

Vaterland und Freiheit!

A. C. Sandino

(GS, EPEL, S. 335–337)

27. Brief zu Händen Mr. Henry Amphlett
(Oktober [?] 1928)

»Dieses Bergwerk wurde aus Protest gegen die kriegerische Einmischung der USA in die inneren Angelegenheiten Nicaraguas gesprengt. Damit möchten wir Sie warnen, daß kein Nordamerikaner sich in Nicaragua sicher fühlen kann, wenn die USA die Marines, die sie in unser Land geschickt haben, nicht wieder abziehen. Eine Zeitlang glaubte ich, daß das nordamerikanische Volk mit dem Machtmißbrauch der Regierung Calvin Coolidge in Nicaragua nicht einverstanden ist, aber dann habe ich sehen müssen, daß die Nordamerikaner allgemein die Einmischung von Coolidge in mein Land gutheißen, und darum haben alle Nordamerikaner, die in unsere Hände fallen, ihr Ende erreicht.«

(GS, S. 31, II)

28. Brief über den Mord an Manuel Girón Ruano
(Oktober [?] 1928)

Was diese Pinguine Cordero Reyes und Somoza betrifft, so werden wir schon noch Gelegenheit haben, sie zu zwingen, zu Fuß nach Las Segovias zu kommen und mit ihren eigenen Händen den Leichnam des General Girón Ruano auszugraben und ihn auf ihren Schultern bis zum Hafen von Corinto zu tragen, wenn wir unsere Pflicht erfüllen, die sterblichen Überreste unseres tapferen Kampfgefährten in seine Heimat zu überführen, damit er im Pantheon von Guatemala seine letzte Ruhe findet. Und die Ketten, mit denen man ihn fesselte und ihn begrub, werden für den einen oder anderen bestimmt sein, die ich fest im Auge behalte.

(GS, S. 31, II)

29. Grundlagen für die Regelung der inneren Angelegenheiten Nicaraguas
(5. Januar 1929)

1. Die Regierung veranlaßt den unverzüglichen und vollständigen Abzug ihrer Invasionstruppen von unserem Territorium, mit Vernunft oder mit Gewalt.
2. Keine Aufnahme von Anleihen bei den Yankees, bei denen ihnen der Löwenanteil zufällt.

3. Der Bryan-Chamorro-Vertrag und alle anderen damit zusammenhängenden Abkommen, Pakte oder Übereinkünfte werden für ungültig erklärt.
4. Entschiedene Zurückweisung einer Einmischung der USA bei Wahlen oder welcher Gelegenheit auch immer.

(GAB, S. 62)

30. Offener Brief an den Präsidenten der Vereinigten Staaten, Edgar Hoover
(6. März 1929)

Sehr geehrter Herr,
ich möchte Ihnen meine große Genugtuung darüber zum Ausdruck bringen, daß es uns dank der Anstrengungen unserer Soldaten gelungen ist, den nordamerikanischen Ex-Präsidenten Calvin Coolidge und den Staatssekretär Frank Kellog außer Gefecht zu setzen.
Dieses unverschämte Paar befahl frech den Mord an meiner Heimat, indem sie unsere Felder abbrennen, unsere Frauen vergewaltigen und unser heiliges Recht auf Freiheit mit Füßen treten ließen.
Unser Befreiungsheer, wie immer kampfentschlossen und siegreich, ist gespannt auf die Orientierung, die Sie der verbrecherischen und widerrechtlichen Politik, die Coolidge, und Kellog in Nicaragua hinterlassen haben, geben werden. Wir möchten Sie nur wissen lassen, daß wir allen Machtmißbrauch der USA in den Angelegenheiten Nicaraguas unerbittlich bestrafen werden.
Nicaragua schuldet den USA nicht einen Centavo. Doch Sie schulden uns den verlorenen Frieden seit dem Jahr 1909, als die Bankiers der Wallstreet das Dollarunkraut nach Nicaragua brachten.
Für jeden Tausender, den die Yankee-Bankiers in mein Land gebracht haben, ist ein Nicaraguaner gestorben und haben unsere Mütter, unsere Schwestern, unsere Frauen und unsere Kinder Tränen des Schmerzes vergossen.
1909 war der Bastard Adolfo Díaz noch ein kleiner Angestellter vierter Kategorie, mit einem Gehalt von 2,65 Pesos täglich, in dem in nordamerikanischem Besitz befindlichen Bergwerk *La Luz y Los Angeles* in Pis Pis, im Departement Bluefields an der Atlantikküste.

Aus diesem Bergwerk holte man Adolfo Díaz heraus, um ein Instrument der Bankiers der Wallstreet in Nicaragua aus ihm zu machen. Sie stifteten ihn zur Rebellion an, die mit dem Verrat von Juan J. Estrada an der Konstitutionellen Regierung ihren Anfang nahm. Zu dieser Zeit war Juan J. Estrada Polizeichef von Bluefields. Die Bankiers der Wallstreet versorgten Adolfo Díaz mit 800 000 Pesos zur Unterstützung dieser unheilvollen Rebellion. Von diesem unseligen Augenblick an breitete sich Trauer und Schmerz über mein Land aus.

Wenn alles vergossene Blut und alle Leichname von Nicaraguanern, die die Dollars der Wallstreet von jenem Augenblick bis heute verschuldet haben, gesammelt werden würden, damit an einem 4. Juli die Leichname den Imperialisten von Washington und New York zum Essen und das Blut zum Trinken gegeben würden, dann würden es alle zusammen auf diesem Fest der Unabhängigkeit der Vereinigten Staaten von Amerika, das an diesem Tag gefeiert wird, nicht schaffen, das Blut zu trinken und die Toten zu essen.

Alle Nicaraguaner kennen die Wirklichkeit, die hinter diesen Worten steht.

Die Bankiers der Wallstreet erreichten über Adolfo Díaz und einige andere korrumpierte Nicaraguaner, daß Nicaragua Anleihen aufnahm, die wir gar nicht brauchten. Sie bedienten sich dieser Individuen, weil sie sich mit den Verträgen und Abkommen, die sie mit ihnen abschlossen, einen Anschein von Legalität geben und sich so langsam Nicaragua aneignen wollten.

Die Yankee-Piraten sahen, daß die große Mehrheit des nicaraguanischen Volkes die Verträge und Abkommen, die zwischen den Bankiers und einigen wenigen nicaraguanischen Vaterlandsverschacherern abgeschlossen wurden, empört ablehnten. Darum bedienten sich die Regierungen der USA aller nur möglichen Tricks, um die Nicaraguaner, die sich als Henker ihrer eigenen Brüder hergaben, an der Macht zu halten. Aus diesen Gründen wurde auch 1923 auf Initiative der Yankee-Regierung ein Abkommen mit den Regierungen Mittelamerikas an Bord des Panzerkreuzers *Tacoma*, im Golf von Fonseca, abgeschlossen. Die Yankee-Regierung allein hat die einzelnen Vertragspunkte ausgearbeitet.

Einer der Vertragspunkte besagt, daß keine Regierung Mittelamerikas, die durch einen Staatsstreich an die Macht gekommen ist, von den anderen Regierungen Mittelamerikas oder von der Regierung der USA anerkannt werden darf.

Das Kalkül der Yankee-Politik in diesem Vertrag war, diejenigen an der Macht zu halten, die die nationale Souveränität Nicaraguas verkauft hatten, denn dieser Vertrag mit den Vaterlandsverschacherern gilt für NEUNUNDNEUNZIG Jahre und kann nach dem Willen der USA verlängert werden.

In diesen Tagen betrachteten sich die Bankiers der Wallstreet als die Herren über Nicaragua.

Sie knieten, Arme und Augen gen Himmel erhoben, vor ihren Tresoren voller Metall nieder und dankten dem Gott GOLD für das große Wunder, das er ihnen gewährt hat.

(O verfluchter Dollar! Du bist der Holzwurm, der die Grundfesten des Yankee-Imperialismus zerfrißt, und du selbst wirst die Ursache seines Zerfalls sein . . .)

Nicht geringer war die Freude der scheinheiligen gekauften Nicaraguaner, die sich damals wie heute unter dem Schutz der Bajonette der Yankees an der Macht halten.

Die göttliche Gerechtigkeit befahl das »Halt!« im Leben des Diego Manuel Chamorro, der Präsident Nicaraguas in der Zeit der Vertragsabschlüsse auf dem *Tacoma* war.

Das nicaraguanische Volk, das sein Recht auf Freiheit für immer verloren glaubte, sah mit dem Tod des besagten Diego Manuel Chamorro einen Hoffnungsschimmer am Horizont der nationalen Souveränität Nicaraguas.

Jetzt übernahm Bartolomé Martínez die Präsidentschaft von Nicaragua und ließ gerechte und ehrliche Wahlen durchführen. Präsident bzw. Vizepräsident wurden Carlos Solórzano und Doktor Juan Bautista Sacasa, die das Amt, das ihnen vom Volk anvertraut wurde, antraten.

Die *Niedertracht* verheerte die Herzen des Ex-Präsidenten der USA, Calvin Coolidge, und des Staatssekretärs Frank Kellog, als sie sahen, daß die Gerechtigkeit nunmehr auf seiten unseres Volkes war.

Und *Hinterlist* bewegte Adolfo Díaz, Emiliano Chamorro und ihre Gefolgsleute, in der Nacht des 24. Oktober 1925 den berühmten Putsch, von dem die ganze zivilisierte Welt weiß, durchzuführen.

Sie forderten Don Carlos auf, von seinem Posten abzutreten, und erklärten ihn für verrückt. Doktor Sacasa erklärten sie als Vizepräsident für abgesetzt und verfolgten ihn, bis er das Land verließ.

Chamorro erklärte sich zum Präsidenten von Nicaragua. Die USA erkannten Chamorro nicht an, da sie vor der zivilisierten Welt ihr

Gesicht nicht verlieren wollten, aber seinen Komplizen, Adolfo Díaz, erkannten sie dann an. Wir zweifeln nicht daran, daß dies alles das Werk von Coolidge und Kellog war, die im Auftrag der Wallstreet handelten.

Mister Hoover,
wenn Sie Augen haben, um zu sehen, sehen Sie. Wenn Sie Ohren haben, um zu hören, hören Sie. Berücksichtigen Sie meine Worte, wenn schon nicht für Sie, so für das Volk, das Sie repräsentieren.

Coolidge und Kellog sind ein Gespann abgehalfterter nordamerikanischer Politiker. Ihre Machenschaften in Nicaragua haben Washington in den größten Mißkredit gebracht.

Sie haben das Blut und die Tränen meines Landes in Strömen fließen lassen. Sie haben auch viele nordamerikanische Familien in Schmerz und in Trauer gestürzt.

Mit ein wenig mehr Einsicht und Verstand hätten Sie das alles verhindern können. Und die USA hätten weiterhin eine verschleierte Politik betreiben können.

Heute ist die Demokratie der Vereinigten Staaten von Amerika am Rande des Abgrunds, und Sie können Einhalt gebieten oder sie hinabstoßen.

Die Haltung Ihrer Regierung entscheidet jetzt über Leben oder Tod Ihres Landes.

Bis vor sechs Jahren war es Ihnen gelungen, den Anschein von Legalität in Ihren Verträgen und Ihrer Einmischung in die Angelegenheiten Nicaraguas zu wahren, aber nach dem Tod von Diego Manuel Chamorro entlarvte die Vorsehung, unsere Verbündete, die Yankee-Politik. Die Machenschaften von Coolidge und Kellog in meinem Land lösten fast in der ganzen Welt eine große Welle des Hasses und des Mißtrauens aus.

In Nicaragua haben Sie keine weiteren Freunde als eine kleine Gruppe von Männern, die kein Moralgefühl haben und die nicht die ureigensten Gefühle des nicaraguanischen Volkes repräsentieren.

Ich repräsentiere mit meinem Heer das ureigenste Fühlen meiner Mitbürger. Die große Mehrheit der Nicaraguaner, auch wenn sie nicht mit dem Gewehr in der Hand in meinem Heer kämpft, begleitet mich in ihrem Denken und Fühlen.

Mir ist nicht unbekannt, über welchen materiellen Mittel Ihre Nation verfügt. Sie haben alles, aber GOTT ist nicht mit Ihnen.

[...]

Doktor Sacasa war der Mann, der mit Waffengewalt die Verstöße Coolidges gegen die souveränen Rechte Nicaraguas hätte zurückweisen müssen. Aber er tat es nicht, sondern hatte Angst und liegt jetzt, gedemütigt, auf Knien vor Ihnen.

Vielleicht irren Sie sich, wenn Sie glauben, daß alle sich wie Sacasa erniedrigen werden. Wenn Sie die Politik von Coolidge und Kellog weiter betreiben sollten, werden Sie weitere Sandinos finden.

Man muß eben anerkennen, daß es einen göttlichen Atem der Gerechtigkeit gibt, der mit uns ist, der aber Sturm für die uns schlecht Gesonnenen bedeutet.

Mein Kampf gegen die Politik, die Sie in meinem Vaterland betreiben, ist in der Vernunft, in der Gerechtigkeit und in den Menschenrechten begründet.

Hauptquartier El Chipotón, Nicaragua, Mittelamerika, den 6. März 1929 und siebzehntes Jahr des antiimperialistischen Kampfes in Nicaragua.

Vaterland und Freiheit!

A. C. Sandino

(GS, S. 64–67, II)

31. An Gustavo Alemán Bolaños (1)
(August [?] 1929)

Mérida
Herrn Gustavo Alemán Bolaños, Guatemala, Republik Guatemala, Mittelamerika.
Sehr geehrter Mitbürger,
die historische Schreibmaschine, die Ihnen im Namen des Verteidigungsheeres der Nationalen Souveränität Nicaraguas und in meinem eigenen Namen überreicht wurde, ist am 2. Januar 1928 im Dorf Quilalí bei einem Infanterieregiment der US-Kriegsmarine beschlagnahmt worden, zusammen mit drei Paar neuen Schuhen, fünfzig Feldflaschen, mehreren Uniformen und einigen Schreibutensilien. Die Guerillakolonne, die diese Gegenstände auf Befehl des Kapitäns Fulgencio Pérez beschlagnahmt hat, zwang die Yankee-Söldner nach einem dreistündigen Schußwechsel, das Dorf zu verlassen. Von diesem Tag an leistete diese Schreibmaschine, da es eine

Reiseschreibmaschine ist, gute Dienste in unserem Heer. Alles, was die Welt über unseren Kampf erfahren hat, wurde auf ihrer Tastatur geschrieben. Am 24. Mai dieses Jahres wurde auf ihr unser letztes Manifest geschrieben, als wir noch in Las Segovias waren und uns erneut auf den Kampf vorbereiteten. Mit herzlichen Grüßen. Vaterland und Freiheit!

A. C. Sandino

(GAB, S. 76)

32. An Gustavo Alemán Bolaños (2)
(8. Oktober 1929)

Mérida, Yucatán
Aus Anlaß des Besuchs des Jungadlers aus dem Weißen Haus, Lindbergh, in Mérida, halten wir es für angebracht, unsere Widmung für die Schreibmaschine, die mich auf dem ersten Feldzug begleitet hat, in den Lokalzeitungen zu veröffentlichen:
»Halten Sie sich vor Augen, daß zum gleichen Zeitpunkt, an dem diese Maschine beschlagnahmt wurde, die panamerikanische Pantomime in Havanna über die Bühne ging und kurz zuvor die sogenannte Reise des ›guten Willens‹ stattfand. Und welch schönes Zusammentreffen: Am gleichen Tag, an dem Lindbergh in Managua landete, flogen die Militärmaschinen der US-Luftwaffe verzweifelt Tag und Nacht tote und verwundete Piraten von Quilalí nach Managua aus. Der ›Gesandte des guten Willens‹ kann persönlich meine Worte bezeugen, denn er selbst half mit, Tote und Verwundete aus den Flugzeugen herauszutragen. Darum erwähnte der Flieger sicher Nicaragua nicht in dem Bericht über seine Rundreise. Er tat gut daran.«

(GAB, S. 76)

33. Unsere Schüsse haben nicht aufgehört und werden auch niemals aufhören ...
(Februar [?] 1930)

In den Segovianer Bergen und Hochebenen haben unsere Schüsse zum Zeichen des Protestes und der Warnung gegen die Banden von Straßenräubern nicht aufgehört und werden auch niemals aufhören. In den weiten Hochebenen von Las Segovias gibt es unter anderem zwei hohe Bergkuppen, El Saraguazca und El Yucapuca, die 1927 im Kampf gegen Chamorro und Díaz unsere Operationszentren waren. Mit neuen Zielsetzungen besetzte unser Heer sie am 18. dieses Monats, lagerte an strategisch wichtigen Stellen Kolonnen, die zusammen mehr als 600 Mann umfaßten und gut ausgerüstet waren. Am Morgen des 19. meldeten mir die wachhabenden Offiziere, daß sowohl in den Höhen von Chirinagua als auch von Peña de la Cruz verdächtige Lichter zu sehen seien, die sich die Steilhänge von El Saraguazca herunterbewegten, als ob man versuchte, sich unseren vordersten Kolonnen zu nähern.

Es wurde Befehl erteilt, drei Schüsse aus dem Mörser abzugeben, denn das war das Zeichen für die Nachhut, die El Saraguazca deckte. In den ersten Morgenstunden des 19. begann der Kampf von den Hängen des San Marcos her. Um zwölf Uhr mittags war der Feind an allen Flanken geschlagen und der Yankee, der die Angreifer befehligte, bei der ersten Attacke getötet. Fast ohne Unterbrechung nahm der Feind das Feuer wieder auf, das bis sechs Uhr nachmittags dauerte. Dann war er von unseren entschlossen kämpfenden Soldaten völlig aufgerieben.

Auch ein Geschwader von sechs Flugzeugen nahm an dem Kampf teil, wir wurden wie wild bombardiert und aus Maschinengewehren beschossen. Aber unser Gegenangriff war nicht minder heftig, und der Feind hatte viele Verluste an Toten und Überläufern. Auf unserer Seite hatten wir den Tod von Kapitän Encarnación Lumbí zu beklagen. Der Soldat Roque Matey, aus Talpaneca gebürtig, wurde verwundet. Als das Luftbombardement gegen vier Uhr nachmittags schon fast ganz aufgehört hatte, schlug eine Bombe ganz in meiner Nähe ein. Ein Splitter verletzte mich leicht am linken Fuß, aber ich maß der Wunde weiter keine Bedeutung zu und übte auch weiterhin das Kommando über meine Truppen aus. Die Wunde hinderte mich ja nicht einmal, aufs Pferd zu steigen.

Unsere Truppen sind an strategischen Punkten über das ganze Gebiet von Las Segovias verteilt, auch in den Departements León und Chinandega operieren zwei Guerillaeinheiten.

Moncada ist der gefährlichste und unheilvollste Mann, den es für unser Volk nur geben kann. Er macht den Leuten etwas vor, wenn er von gemeinnützigen Werken spricht, vom Wohlergehen des Volkes und einer neuen Größe der Nation, einer falschen und lächerlichen. Und selbst wenn alles wahr wäre, wäre es doch nur Zuckerbrot in der Hölle, was Moncada von seinem Präsidentenposten im Dienst der Yankees verabreicht. Mit den Zoll- und Steuergeldern, die das Volk zu tragen hat, wird eine Garde unterhalten, die aus schlechten Nicaraguanern besteht und von einer ebenso zahlreichen wie unfähigen Yankee-Offiziersschaft befehligt wird. Die Eisenbahnlinien und die Straßen, die Moncada wahllos bauen läßt, haben einen lächerlichen strategischen Wert. Alles, was Moncada macht, riecht nach Traurigkeit, Verhängnis und Tod. Er, Díaz und Chamorro bilden die verfluchte Dreieinigkeit elender Vaterlandsverräter. Doch in einer nicht sehr fernen Zukunft werden sie und ihr Gefolge von unserem Heer weggefegt werden, mit einem Besen, der aus Bajonetten besteht.[1]

Vielleicht klingt es sarkastisch, was ich Ihnen sagen werde, aber es ist so. Unser Heer ist wie kein zweites auf der Welt selbstlos und opferbereit, diszipliniert und auf materiellen Vorteil unbedacht, denn es handelt aus Überzeugung, nach einem Ideal, das seinen Kampf in Nicaragua als auch seine Auffassung von Brüderlichkeit unter den Menschen bestimmt. Wir haben in unserem Heer keine militärische Pedanterie, kein persönliches Machtstreben, und darum gibt es keine Verräter in den Reihen unseres emanzipatorischen Heeres. Ich sage dies, mein lieber Bruder, weil wir erfahren haben, daß niederträchtige Federn uns zu diskreditieren versuchen, indem sie uns »Banditen« nennen. Die wahren und legalen Banditen befinden sich in den Gemäuern des Weißen Hauses von Washington, von wo aus sie die Ausplünderung und die Ermordung unseres spanischen Amerika leiten.[2]

1 GAB, S. 100, 101; Kommuniqué.
2 GAB, S. 101, Brief an den Autor.

34. An den Oberst Abraham Rivera
(8. Juli 1930)

1. In Anbetracht der zahlreichen Schwierigkeiten, vor die sich Oberst Abraham Rivera im Zusammenhang mit den Genehmigungen für Holzschlagarbeiten am Ufer des Río Coco und seiner Zuflüsse gestellt sieht, werden Herrn Rivera hiermit alle Vollmachten erteilt, Genehmigungen zu verlängern oder für ungültig zu erklären, wie er es für richtig hält.

... Jeder Expeditionschef unseres Heeres wird hiermit offiziell bevollmächtigt, Individuen vor ein Kriegsgericht zu stellen, die als Verräter am Vaterland und an unserem Heer überführt sind.

Die Besitzer von Holzschlägen, die eine Genehmigung von Oberst Rivera erhalten haben, müssen sie von ihm in seiner Eigenschaft als Expeditionschef schriftlich verlängern lassen. Nur so werden sie von unseren Einheiten, die bald im ganzen östlichen Gebiet von Las Segovias bis zum Cabo Gracias a Dios operieren werden, verschont bleiben.

[...]

8. Herr Oberst Abraham Rivera wird alle Holzschläge im Umkreis von Santa Cruz, Jinotega, bis zum Cabo Gracias a Dios kontrollieren und die entsprechenden Genehmigungen überprüfen.

9. Wenn der Besitzer eines Holzschlages in besagter Zone sich weigert, die entsprechenden Nutzungsrechte an die Autorität, die von unserem Oberkommando ernannt ist, zu zahlen, wird Oberst Rivera unserem Hauptquartier Meldung machen. Dann werden die notwendigen Truppen entsendet, um BESAGTES LAGER ZU SCHLIESSEN.

Hauptquartier des Verteidigungsheeres der Nationalen Souveränität Nicaraguas, den 8. Juli 1930.

Vaterland und Freiheit!

gez. A. C. Sandino
(darunter ein Stempel)

(AS, S. 166, 168)

35. An alle Expeditionschefs
(16. Oktober 1930)

An alle Expeditionschefs unseres Heeres.

Hochgeschätzte Brüder:

In Anbetracht der Tatsache, daß die Bewohner der Gebiete, in denen wir operieren, verzweifelt sind, weil sie SALZ und MEDIKAMENTE nur unter Lebensgefahr in den Dörfern, in denen die feindlichen Söldnertruppen verschanzt sind, besorgen können, und daß dieses SALZ und diese MEDIKAMENTE, bevor sie in die Dörfer gelangen, frech durch unsere Operationsgebiete transportiert werden, sollten Sie alle Dorfbewohner auffordern, unseren Truppen über alle Warentransporte Meldung zu machen. Unsere Truppen haben Order, jede Ladung zu BESCHLAGNAHMEN, wem sie auch gehören mag, und alles BESCHLAGNAHMTE unter den nächsten Anwohnern zu verteilen.

Die Truppe nimmt sich nur das Notwendigste für ihren eigenen Bedarf und setzt ihren Marsch fort.

Wenn sich derjenige, der eine solche Ladung transportiert, weigert, sie unseren Truppen zu übergeben, WIRD DIESES INDIVIDUUM AUF DER STELLE ERSCHOSSEN.

Wenn es unter den Bauern einen gibt, der für seinen eigenen Gebrauch nicht nehmen will, was unser Heer ihm befiehlt zu nehmen, dann wird auch dieses Individuum erschossen.

Der Grund für die Erschießung desjenigen, der nicht geben oder nehmen will, was unser Heer ihm befiehlt, ist folgender: Die Händler, die hier in diesen Gebieten ihre Geschäfte machen, ohne sich um die Schmerzen der Verteidiger der nationalen Souveränität von Nicaragua zu kümmern, sind Komplizen des Yankee-Interventen bei der Ausplünderung und Ermordung unseres Volkes, und da sie Komplizen sind, müssen wir sie mit noch härteren Maßnahmen die Strenge der Gerechtigkeit bei der Verteidigung unserer Nation spüren lassen.

Diejenigen, die nicht annehmen wollen, was unser Heer von den Verrätern am Vaterland beschlagnahmt hat, betrachten wir als potentielle Verräter, und darum müssen sie erschossen werden.

Vaterland und Freiheit!

A. C. Sandino

(AS, S. 177, 178)

36. Brief an Doktor Enoc Aguado
(26. Oktober 1930)

Unsere harten Lebenserfahrungen und die Ungerechtigkeit unter den Menschen haben uns gleichsam in »elektrischen Draht« verwandelt.

Wenn ein Unbesonnener nach uns fassen will, ohne genau zu wissen, wie er es anstellen soll, läuft er Gefahr, einen Schlag zu bekommen.

Wenn Sie das Glück hatten, Ihre Dreieinigkeit gefunden zu haben, und Ihr Geist bereits von dem »Funken der Liebe zur Gerechtigkeit« erfüllt ist, dann werden wir kein Hindernis darin sehen, Ihre revolutionäre Bewegung zu unterstützen.

Bevor ich ausführlicher auf diese Fragen eingehe, möchte ich einige Punkte klären, die Sie wissen müssen.

Verteidigungsheer der Nationalen Souveränität Nicaraguas war von Anfang an, und wird es bis zum Schluß bleiben, der Name unserer militärischen Institution, denn das ist die Form, unseren Bauern ausführlich das Wort »Autonomie« zu erklären.

Rot und Schwarz sind die Feuerfarben unserer Fahne. Diese Farben symbolisieren »Freiheit oder Tod«, das heißt das unumstößliche Ziel, »frei, souverän und unabhängig« zu sein. »Vaterland und Freiheit« sind die offiziellen Wörter, die unser Heer am Schluß eines jeden Schreibens benutzt und deren Ziel es ist, in unserem Volk die Idee des Freien Vaterlandes lebendig zu erhalten.

»Lieber Bruder im Vaterland« steht am Kopf der Briefe der Angehörigen unseres Heeres. Unsere Absicht damit ist, im Volk den Gedanken zu behüten, daß die Heimat unsere Mutter ist und es darum, da wir in ihr Brüder sind, unsere Pflicht ist, die Waffen zu ihrer Verteidigung zu ergreifen, denn wenn wir sie verteidigen, verteidigen wir uns selbst.

Was werden wohl jene Gardisten darüber denken?

Wenn Sie unser Verteidigungsheer der Nationalen Souveränität Nicaraguas als die oberste moralische Autorität unserer Republik anerkennen, dann sind Sie, aber nur in diesem Fall, vom Oberkommando unseres Heeres bevollmächtigt, in der revolutionären Erhebung, die Sie planen anzuführen (?), die Symbole und Losungen, die ich Ihnen oben erklärt habe, zu verwenden.

(GAB, S. 105, 106)

37. Manifest »Licht und Wahrheit«
(15. Februar 1931)

Licht und Wahrheit
Manifest an die Mitglieder unseres Verteidigungsheeres der Nationalen Souveränität Nicaraguas
Eine göttliche Kraft belebt und schützt unser Heer, so war es seit Beginn, und so wird es bis zu seinem Ende bleiben.

Diese gleiche Kraft fordert die Gerechtigkeit, daß alle unsere Brüder und Angehörige des Heeres die Gesetze, die das Universum regieren, in ihrem Licht und ihrer Wahrheit kennenlernen.

Liebe Brüder:
Jeder von Euch stellt eine Kraft dar, die über Euch und alle anderen Kräfte des Universums hinausgeht. Diese unsichtbare Kraft hat viele Namen, aber wir haben sie unter dem Namen Gott kennengelernt.

Liebe Brüder:
Vor den Dingen, die Ihr sehen oder berühren könnt, war die erste und einzige Substanz der Natur (Materie), die es im Universum gab, der Äther. Aber vor dem Äther, der das ganze Universum erfüllt, gab es einen großen Willen, das heißt einen großen Wunsch zu sein, was nicht war, und das haben wir unter dem Namen Liebe kennengelernt.

Ihr seht daran, daß der Anfang aller Dinge die Liebe ist, oder anders gesagt, Gott. Man kann ihn auch Gott Vater, Schöpfer des Universums nennen. Die einzige Tochter der Liebe ist die göttliche Gerechtigkeit.

Die Ungerechtigkeit hat keine Daseinsberechtigung im Universum, und sie ist aus dem Neid und dem Antagonismus der Menschen geboren, bevor sie seinen Geist verstanden hatten.

Aber das Unwissen der Menschen ist nur ein vergänglicher Zustand im universalen Leben: Wenn die Mehrheit der Menschen wissen wird, daß sie durch den Geist lebt, wird die Ungerechtigkeit für immer aufhören, und nur noch die göttliche Gerechtigkeit wird herrschen, die einzige Tochter der Liebe.

Liebe Brüder:
Ihr werdet oft vom Jüngsten Gericht gehört haben.

Unter dem Jüngsten Gericht ist die Zerstörung der Ungerechtigkeit auf Erden und die Herrschaft des Geistes von Licht und Wahrheit, das heißt der Liebe, zu verstehen.

114

Ihr werdet davon gehört haben, daß das Jüngste Gericht für unser zwanzigstes Jahrhundert, das heißt für das Jahrhundert des Lichts, vorausgesagt ist.

Liebe Brüder:

Dieses Jahrhundert umfaßt hundert Jahre, und wir werden bald die ersten einunddreißig hinter uns gebracht haben. Also muß das angekündigte Weltgericht in den kommenden 69 Jahren stattfinden.

Es stimmt nicht, daß San Vicente kommen und die Posaune blasen muß, und es stimmt auch nicht, daß die Erde explodieren und dann untergehen wird. Nein.

Folgendes wird geschehen:

Die unterdrückten Völker werden die Ketten der Erniedrigung sprengen, in denen uns die Imperialisten der Welt gefesselt halten wollen.

Die Trompeten, die dann zu hören sind, sind die Kriegstrompeten, die die Freiheitshymnen der unterdrückten Völker gegen die Ungerechtigkeit der Unterdrücker anstimmen.

Für immer wird dann die Ungerechtigkeit untergehen, und die Herrschaft der Vollkommenheit, der Liebe und ihrer Lieblingstochter, der göttlichen Gerechtigkeit, wird beginnen.

Wir haben die Ehre, meine Brüder, in Nicaragua die von der göttlichen Gerechtigkeit Auserwählten zu sein, um das Gericht über die Ungerechtigkeit auf Erden zu beginnen. Habt keine Furcht, meine lieben Brüder, und seid zuversichtlich, fest und unerschütterlich, daß wir sehr bald schon unseren endgültigen Sieg in Nicaragua errungen haben und daß damit die Zündschnur der »proletarischen Explosion« gegen die Imperialisten der Erde angebrannt ist. Aufrichtigst Euer Bruder.

Hauptquartier des Verteidigungsheeres der Nationalen Souveränität Nicaraguas.

El Chipotón, Las Segovias, Nicaragua, Mittelamerika, den 15. Februar 1931.

Vaterland und Freiheit!

A. C. Sandino
(ein Stempel)

(AS, S. 206–208)

38. An den Oberst Abraham Rivera
(22. Februar 1931)

Hauptquartier des Verteidigungsheeres der Nationalen Souveränität Nicaraguas, den 22. Februar 1931.

An den Oberst Abraham Rivera, Río Coco.

Mein lieber hochverehrter Bruder,

nach reiflichen Überlegungen über zwei wichtige Punkte, die Sie uns in Ihren vorigen Mitteilungen erörtert haben, sind wir zu folgenden Schlußfolgerungen gekommen:

Es geht um die Frage der Priester im Gebiet Río Coco und die Neigung unserer Jungens zur *Faulenzerei.*

Es ist möglich, daß wir einmal die militärischen, zivilen und religiösen Angelegenheiten unserer Republik unter unsere Kontrolle nehmen werden.

An diesen glücklichen Tagen für unser Volk werden wir sorgfältigst überprüfen, was uns am menschlichen Fortschritt hindert, und es dann mit Besen aus Bajonetten hinwegfegen. Ich denke dabei an die Priester im Gebiet am Río Coco.

Was die »Faulenzer« betrifft, so solltet Ihr sie nicht bestrafen, denn das ist eine natürliche Folgeerscheinung bei einem Volk, das immer geknechtet wurde und niemals die Gelegenheit hatte, bequem und angenehm zu leben, denn alle unsere unseligen bisherigen Regierungen duldeten es, daß wir wie an die Yankee-Imperialisten und andere Ausbeuter vermietete Maultiere lebten.

Erschrecken Sie nicht über meine Worte, wenn sie Ihnen zu radikal erscheinen, aber das sind sie keineswegs, mein lieber Bruder.

Lieber Bruder,

ich will Ihnen eine Anekdote erzählen, die sich mit meinem eigenen Vater auf einer unserer Haziendas, deren Name Los Angeles ist, zutrug.

Das war, als ich kaum zwölf Jahre war. Mein Vater war Gutsherr, und ich fand, daß er den Notstand des Volkes ausnutzte, um sich selbst zu bereichern. Natürlich war mein Vater höchst erstaunt, als ich ihn fragte, ob er es nicht als ungerecht empfände, wie er sich sein kleines Kapital erhalte.

Mein Vater erwiderte, daß er die Lage des Volkes nicht ausnutzen wollte, aber daß er, wenn er nicht ausbeuten würde, von den Ausbeutern selbst ausgebeutet werden würde.

Lieber Bruder,
von diesem Moment an begann ich, so kann man es sagen, mir der
Dinge bewußt zu werden.

Wenig später verließ ich mein Heimatdorf und begann mein un-
stetes Leben. Ich kam durch unseren ganzen »Mittelamerikanischen
Isthmus« bis nach Mexiko und in die Vereinigten Staaten von Amerika. Überall verrichtete ich die verschiedensten Arbeiten und hatte
eine andere Lebensweise, und das war meine wahre Schule.

Es gibt sehr merkwürdige Dinge in der Biographie meines Lebens,
und nicht einmal ich selbst wußte, daß ich den Geheimnissen der
menschlichen Unnatur auf der Spur war, um später die Wahrheit
unseren Brüdern nicht nur in Nicaragua, sondern auf dem ganzen
Erdball zu sagen.

Beunruhigen Sie sich also nicht, lieber Bruder, über die »Faulenze-
reien« unserer Jungens. Das ist eine Folge der elenden Lebensbe-
dingungen, in denen ihre geknechteten Geister über Jahrmillionen
gehalten wurden.

An einem anderen Tag, lieber Bruder, werde ich wieder die besondere Freude haben, Ihnen eine Unterrichtsstunde zu erteilen.

Aufrichtigst, Ihr Bruder,
Vaterland und Freiheit!

A. C. Sandino
(ein Stempel)

(AS, S. 208–210)

39. An den General Carlos Salgado
(ohne Datum)

General Salgado!
Ich habe Ihre Nachricht und auch die Zeitschrift erhalten.

Vor wenigen Minuten kreuzten die Flugzeuge über unserem Posten
auf, und ich glaube, sie werden das Gebiet von Pedro Altamirano
beschießen.

Gestern hatte ich einen Traum: Die Machos hatten uns überfallen.
Ich habe, um das zu verhindern, Kundschafter nach verschiedenen
Seiten ausgeschickt.

Lassen Sie bitte auskundschaften, wo ein Weg von Wiwilí herführt,
denn ich weiß, daß es ihn gibt, und wir müssen ihn bewacht halten.
Es könnte sein, daß Pompilio Reyes über Wiwilí kommen will,

denn er ist ein guter Kenner dieser Berge, aber er würde die Machos nicht vor dem Faustschlag, den wir ihnen versetzen würden, retten können.

Schicken Sie mir bitte zehn Bomben, und teilen Sie mir mit, wie viele Ihnen bleiben.

Vaterland und Freiheit!

A. C. Sandino

(GS, S. 122, II)

40. Rundschreiben
(10. April 1931)

Hochgeschätzte Brüder,
die Stunde der Abrechnung mit dem Feind vor der göttlichen Gerechtigkeit ist bald zu Ende.

Am 31. März dieses Jahres ist die Stadt Managua zur Hälfte untergegangen, auch das Landefeld mit einem Großteil der Flugzeuge und des feindlichen Kriegsmaterials wurde zerstört.

Andererseits müssen wir jetzt, da die göttliche Gerechtigkeit bereits selbst den Feind bestraft, das Werk vollenden und die Terroristen ein für allemal in Angst und Schrecken verjagen.

Ich habe Nachricht, daß der Feind eine religiöse Veranstaltung in Quilalí abzuhalten gedenkt und daß am 12. dieses Monats ein Priester kommen wird, um Messen zu lesen und den Bauern Sanftmut vor den Invasoren unseres Vaterlandes zu predigen.

Unter diesen Umständen halte ich den Überfall auf besagte Ortschaft für notwendiger denn je.

Unsere Brüder, General Salgado und General Ortez, werden in diesen Tagen einen Angriff auf eine Ortschaft ausführen, der dem Ort, den Sie überfallen, benachbart ist.

Es ist schon fast sicher, daß an dem Tag, an dem Sie dieses Rundschreiben erhalten, die anderen beiden genannten Brüder besagte Ortschaft angreifen oder sich zum Angriff vorbereiten werden.

Vaterland und Freiheit!

Hauptquartier des Verteidigungsheeres der Nationalen Souveränität Nicaraguas, den 10. April 1931.

gez. A. C. Sandino

(AS, S. 219)

(ein Stempel)

41. An Herrn José Hilario Chavarría
(12. Mai 1931)

Hauptquartier des Verteidigungsheeres der Nationalen Souveränität Nicaraguas, den 12. Mai 1931.
Herrn José Hilario Chavarría,
Hochebenen von Jinotega.
Sehr geehrter Herr Chavarría,
ich bestätige Ihnen den Erhalt Ihres freundlichen Briefes vom 27. April, den Sie mir zusammen mit einem Reitanzug schickten. Vielen Dank, Herr Chavarría.
Bevor ich Ihnen antwortete, erkundigte ich mich bei meinen Männern, ob jemand Sie kennt.
Man beschrieb Sie mir als einen Mann, der sich politisch nicht betätigt, aber der konservativen Partei angehört.
Diese Bezeichnung als Konservativer erfüllt mich bei einfachen Leuten aus dem Volk mit Traurigkeit, denn meiner Meinung nach gibt es rechtens gar keine Konservativen in Nicaragua. Darum ist es mir in diesem Brief eine besondere Freude, Ihnen eine kleine Unterrichtsstunde zu erteilen.
Unsere Völker sind auf einem solch entwürdigenden Stand der Unwissenheit gehalten worden, daß weder Liberale noch Konservative genau wissen, worum sie sich streiten, ja daß es letztlich viele Liberale dem Namen nach gibt, die tatsächlich konservativer sind als diejenigen, die sich selbst Konservative nennen.
Jedenfalls kam während der Zeit der Konquista kein einziger Adliger nach Nicaragua, der aus den vornehmsten Fürstenhäusern Europas stammte, und darum gehören wir ohnehin seit je den unteren Klassen an. Wir sind daher, eher noch als einfach Liberale, »Kommunisten«.
Diese Worte mögen zur Erklärung genügen, daß es unter uns niemals Konservative gegeben hat, sondern einzig und allein eine große Unwissenheit in unserem Volk. Unsere Ignoranz wurde immer von gerissenen Gaunern, die vom Blut des Volkes leben, ausgebeutet.
Unser Krieg ist ein Krieg der Befreier, um den Krieg der Unterdrücker zu töten.
Der Krieg wurde von den gleichen Priestern aus der Taufe gehoben, die damals wie heute den Besitz, der ihnen vom Volk selbst anvertraut wurde, für sich verteidigen wollten.

119

Darum sehen wir heute den Klerus im Bunde mit den Yankee-Bankiers, und darum kommen heute auch viele Priester und ähnliches Gesindel nach Las Segovias, um den einfachen Segovianern Sanftmut zu predigen, damit sie sich weiter durch die Yankee-Bankiers ausbeuten lassen.

Man muß dabei bedenken, daß es auch unter den Yankee-Soldaten selbst massenhaft Ignoranten gibt, die wie Maschinen unter der Kontrolle der Führer jenes gewissen Weißen Hauses funktionieren, das in Wirklichkeit gar nicht das Weiße Haus ist, sondern eines jener weißgetünchten Grabmale, von denen Jesus sprach. Außen weiß und hübsch anzusehen, aber innen verfault und stinkend.

Erinnern Sie sich auch an den einfachen Satz, daß Gott durch die Segovianer sprechen wird.

Dieser Satz wurde, auch wenn man ihn mit Sarkasmus sprach, von vielen einfachen Menschen geglaubt, und darum erhält unser Heer in Wahrheit seinen Antrieb von der göttlichen Gerechtigkeit selbst.

Es ist unwichtig, daß ich im Innern des Landes geboren bin, aber das geschah, damit ich alle Teile des Landes kennenlernte und damit man mich nicht einmal abwertend als Lokalpatriot bezeichnen könnte.

Ich glaube, Herr Chavarría, ich habe Ihnen jetzt ausreichende Erklärungen gegeben, damit Sie uns in diesem Sinne bei der Aufklärung manch anderer, die wie Sie im Irrtum befangen sind, helfen.

Was Ihre Frage bezüglich der Steuern betrifft, die General Altamirano angeordnet hat, so sollten Sie die Zahlungen leisten, wenn es Ihnen möglich ist, sonst aber General Altamirano mitteilen, daß Sie bereits Ihren Teil ins Hauptquartier geschickt haben und nur auf die Quittung vom Oberkommando unseres Heeres warten.

Bitte teilen Sie mir in Ihrer Antwort mit, ob Sie die Quittung für die Summe der Ihnen auferlegten Steuerzahlungen brauchen, selbst wenn Sie dem Hauptquartier nicht einen einzigen Centavo geschickt haben.

Anders kann ich Sie nicht vor dem Todesurteil retten, das meine Leute mit Recht über Sie fällen würden, denn sie betrachten Sie als einen der Konservativen, die einmal großes Leid über unser nicaraguanisches Volk gebracht haben.

Aufrichtigst,   A. C. Sandino
Vaterland und Freiheit!   (Stempel)
(AS, S. 227–231)

42. An Don José Idiáquez
(26. April 1931)

Frieden und Liebe, mein lieber Bruder,
ich kann Ihnen nicht genug versichern, welche Freude mir Ihre
hochgeschätzten Briefe bereiten.
Die Informationen, die Sie uns darin geben, sind von großer Wichtigkeit für unser Heer, und es sind vielleicht die einzigen, die uns
aus dem Ausland erreichen.
Vor vielen Tagen hatte ich mir vorgenommen, die Informationen
und Mitteilungen unseres Hauptquartiers an Personen oder die
Presse des Auslands fertig zu machen.
Es fällt sehr schwer, schlafende Völker wachrütteln und ihnen
unsere Gefühle vermitteln zu wollen, besonders wenn man in seiner
ganzen geistigen Wirkungskraft den gesamten bisherigen menschlichen Entwicklungsprozeß zu überblicken versucht.
Es wird Ihrer Beobachtung nicht entgangen sein, daß der gemeinsame Feind unserer Völker mit allen ihm nur zur Verfügung
stehenden Mitteln versucht, die moralische Aktion unseres Heeres
zu verschleiern und in Mißkredit zu bringen, indessen er sich selbst
alle Rechte über die Geschicke Nicaraguas anmaßt.
Aber unser Heer trägt die Fackel der Freiheit hoch erhoben, in der
gleichen Zeit, in der der Feind sich mehr als um alles andere darum
kümmert, den Namen Sandinos zu beschmutzen.
Wir haben bereits alle gesehen, daß die göttliche Gerechtigkeit un-
nachsichtig in ihrer Strenge ist und daß sie, wenn sie auf das Übel
stößt, das sie in ihrem Lauf aufhält, in Bewegung gerät, sich in
Elektrizität verwandelt, das Übel einschmilzt und ihren Weg fortsetzt.
Jüngst habe ich von Verträgen erfahren, die zwischen Honduras
und Nicaragua abgeschlossen und von Ulloa und Irías unterzeichnet worden sind.
Wir haben wirklich nicht das geringste Interesse, Grenzstreitigkei-
ten mit irgendeiner unserer mittelamerikanischen Schwesterrepubliken zu beginnen.
Aber wir werden uns allen Verträgen über diese Fragen widersetzen, solange wir wissen, daß die einzige Interessierte um ihres
eigenen Vorteils willen die Yankee-Politik ist.
Mit den wenigen Mitteln unseres Volkes, über die wir verfügen,
werden wir jetzt vier Delegationen in unsere vier mittelamerika-

nischen Sektionen entsenden, um eine Verbindung zwischen den Arbeitern und Bauern Mittelamerikas herzustellen und die Proklamation einer Mittelamerikanischen Union unter dem Namen *Comuneros Centroamericanos* in die Wege zu leiten.

Nur wir Arbeiter und Bauern Mittelamerikas können ehrlich und rechtschaffen unsere Föderation wiederherstellen, die seit der Zeit, da Rafael Carreras unseren unbesiegten General Francisco Morazán aus Guatemala vertrieb, unterbrochen ist.

Ich glaube, daß einer der Hauptgründe für den nächsten Weltkrieg, in dem die selbstherrlichen Unterdrücker vernichtet und die unterdrückten Völker aufsteigen werden, in Nicaragua zu suchen ist.

Natürlich wollte sich der Yankee-Imperialismus am besten gleich ganz Mittelamerikas bemächtigen, aber Nicaragua bietet ihm aufgrund seiner geografischen Lage noch die größe Sicherheit.

Die USA haben mit ihren Maßnahmen und Gegenmaßnahmen betreffs des Kanalprojekts in Nicaragua nichts anderes gemacht, als den anderen Großmächten auf den Puls zu fühlen.

Es ist schon denkbar, daß die Yankee-Bankiers den Bau des besagten Kanals beginnen und die Schiffsbase im Golf von Fonseca errichten wollen, aber sie würden auf keinen Fall ihre Vorhaben beenden können, denn die göttliche Gerechtigkeit, die unserem Heer die Kraft gibt, wird es verhindern.

Nichts geschieht zufällig, und alle Dinge müssen nach dem Naturgesetz begriffen werden. Darum auch ist die Katastrophe von Managua als ein Teil dieser gleichen Kraft zu verstehen.

Mit vorzüglicher Hochachtung verbleibe ich als Ihr Bruder,

Vaterland und Freiheit!

A. C. Sandino

(AS, S. 223–225 und GS, S. 137–139, II)

43. Rundschreiben an die Expeditionschefs
(4. Mai 1931)

Rundschreiben an Unsere Expeditionschefs und alle Anderen Autoritäten Unseres Heeres.

In der Absicht, alle Angehörigen unseres Heeres über den Ablauf unserer militärischen Operationen in den verschiedenen Sektoren des Landes zu informieren, erlaube ich mir, mich mit diesem Rundschreiben an Sie zu wenden:

Einheiten unseres Heeres unter Befehlsgewalt der Generäle Pedro Altamirano, Ismael Peralta, Pedro Antonio Irías, Pedro Blandón und des Oberst Abraham Rivera operieren seit Februar dieses Jahres und mit großem Erfolg an der Atlantikküste.

Jüngst hat unser Bruder, General Pedro Blandón, mit einer starken Kolonne vier hitzige und blutige Kämpfe gegen den Feind in Puerto Cabezas geliefert und hat viel Kriegsmaterial und andere Ausrüstungen, die für unser Heer von Nutzen sind, erbeutet.

In den vorausgegangenen Kämpfen hatte General Blandón 11 Yankees und 15 Nationalgardisten, nachdem er sie entwaffnet hatte, erschossen, denn sie versuchten, als unsere Truppen sie aus ihren Stellungen vertrieben, zu fliehen.

Unsere Truppen wurden von den Flugzeugen bombardiert und aus Maschinengewehren beschossen, die die Yankees von ihren Schiffen, die in den Wassern Nicaraguas kreuzen, starten.

Als unsere Truppen die Marineinfanteristen schon vernichtend geschlagen hatten, explodierte eine Bombe und beendete das Leben unseres geliebten Bruders, General Pedro Blandón. Die gleiche Bombe tötete auch den jungen Tomás Blandón, den Neffen des Generals.

Den Tod von General Blandón empfand unsere Kolonne als einen schrecklichen, tödlichen Schlag, aber niemand wurde schwach, und tapfer schlugen sich alle bis Cabo de Gracias durch. Sie besetzten den Hafen und zerstörten den Sender. Sie nahmen mit, was sie nur erbeuten konnten.

Wenige Stunden später wurde auch Cabo de Gracias von der feindlichen Luftwaffe bombardiert, aber es gab auf unserer Seite keine Verluste.

Chef der Expeditionskolonne, die unter Befehl General Blandóns operierte, wurde Oberst Juan Santos Morales.

Hauptquartier des Verteidigungsheeres der Nationalen Souveränität Nicaraguas, den 4. Mai 1931.

Vaterland und Freiheit!

A. C. Sandino

(GS, S. 139, II)

44. Manifest (1)
(Mai 1931)

Wie eine impotente und tollwütige Bestie ergeht sich Herbert Clark Hoover in Beleidigungen gegen den Kommandierenden des Heeres, das seinen Kampf für die Befreiung Nicaraguas führt. Er und Stimson sind, wie ihrerzeit Cooligde und Kellog, die modernen Mörder. Das nordamerikanische Volk bedanke sich bei diesem Quartett für alle Niederlagen und Mißerfolge, und mögen die Väter, Söhne und Brüder der Marines, die in den Segovianer Bergen gestorben sind, diese unheilvollen Präsidenten für immer und ewig verfluchen.

Die unglaubliche Prahlerei des Präsidenten Cooligde, als er 1927 sagte, daß er das Verteidigungsheer der Ehre Nicaraguas gewaltsam entwaffnen würde, hat dem Ansehen der Vereinigten Staaten von Amerika viel geschadet. Jüngst haben wir erfahren, daß Herbert Clark Hoover, der Yankee-Präsident, der über das Jahr 1932 nicht hinauskommen wird, gesagt und versprochen hat, daß er Sandino gefangennehmen lassen wird, um ihn dem Gericht zu übergeben. Wortgeplänkel als Revanche für die Tracht Prügel, die unser Heer den Yankees an der Atlantikküste verabreicht hat, als es ganz Longtow mit Leichen übersät zurückließ. Wir haben keine schuld, denn wir verteidigen uns nur.

Aber uns kommt die Politik Nordamerikas in Nicaragua teuer zu stehen. Von 1909 bis auf den heutigen Tag hat sie 150 000 Menschenleben beiderlei Geschlechts gekostet. Sie hat mehr als zwei Drittel des nicaraguanischen Kapitals geplündert und wollte schon ganz Mittelamerika zu einer Kolonie der USA machen, als eine furchtbare Krise alles erschütterte und das Übel in seinem Schwung auffing und zum Stillstand brachte. Welche Bezeichnung verdienen wohl die Männer, die diese Politik betrieben und unser aller Leben bedrohten?

Aber von nahem betrachtet ist die Regierung Hoover so erbärmlich, daß sie Bovery, einen Winkeladvokaten von New York, zum Staatssekretär ernannte und den Tattergreis Mettew Hanna als Botschafter nach Nicaragua schickte, da sie keinen anderen hatte. [...] Aber der Wechsel der Piratenregierung ist nicht mehr weit, und dann werden alle so schnell wie der Schweif einer Rakete verschwinden.

(GS, S. 132, 133, II)

45. An Herrn José Idiáquez
(15. Juli 1931)

Herrn José Idiáquez
Danlí, Honduras, Mittelamerika.
Friede und Liebe, mein lieber Bruder!
Wir haben dankend Ihren freundlichen Brief vom 7. des Monats erhalten, aus dem wir zu unserem großen Leidwesen vom Tod des Generals Gregorio Ferrera erfuhren.
Was unsere militärischen Operationen betrifft, so kann ich Ihnen nur sagen, daß sie all unseren früheren weit überlegen sind. Wir haben so viele Kämpfe in den letzten Tagen geliefert, daß ich gar nicht einmal mit Gewißheit sagen könnte, welches der vorteilhafteste für uns gewesen ist, denn alle waren zu unserem Vorteil. Wir können allen, die es sehen wollen, in unserem Hauptquartier eine große Anzahl von Dokumenten, Fahnen, Landkarten, Ringen mit dem Yankee-Wappen und viele andere Dinge, die einmal dem nordamerikanischem Heer gehörten, zeigen. Alles wurde bei verschiedenen Gefechten vom Feind erbeutet.
Der Feind geriet beim Kampf um »Embocadero« am 15. Juli vergangenen Jahres in eine wirkliche Katastrophe. Ohne jede Übertreibung wurden nach den Toten, die durch Geschosse umgekommen waren, mehr als hundert dieser Elenden, die »Nationalgardisten« genannt werden, mit Machetenhieben in Stücke gehauen. Auch fünf Yankee-Piraten wurden mit Machetenhieben zerstückelt. Der gesamte Kriegszug dieser feindlichen Kolonne blieb in unserer Gewalt. Vierundzwanzig Stunden später kam eine andere Kolonne unseres Heer zur Verstärkung und bezeugte uns, daß dieses Bild ein denkwürdiger Anblick war und wert, der Welt als Exempel zu dienen.
Sehr bald nachdem Sie diesen Brief erhalten haben, werden Sie neue Nachrichten von den Kämpfen zwischen unseren Truppen und dem Feind empfangen.
Ihre freundlichen Grüße sende ich herzlichst zurück und verbleibe in aufrichtiger Freundschaft, Ihr Bruder,
Vaterland und Freiheit!

gez. A. C. Sandino

(AS, S. 245)

46. Manifest (2)
(28. Juli 1931)

Alle Welt weiß, daß unser Heer gegen eine Armee kämpft, die mit den modernsten Waffen und Ausrüstungen ausgestattet ist, über die eine Regierung nur verfügen kann. Aber wir haben zur Zeit das Territorium von acht Departements – außer den Städten – unter unserer Kontrolle, und wenn wir keine Städte besetzt halten, dann deswegen, weil dies noch nicht auf unserem Programm stand. Aber wenn die Stunde gekommen ist, werden wir auch das tun. Unsere Taktik besteht darin, die Ortschaften der Departements, in denen unser Heer operiert, zu belagern. Der Feind hat dafür gesorgt, daß in Las Segovias Nahrungsmittelknappheit herrscht, aber das trifft nur auf die Städte und Ortschaften zu, in die sich die Söldner geflüchtet haben. In den Bergen gibt es keinen Hunger, und unser Heer hat mehr als genug zu essen.

Acht Expeditionskolonnen bilden den Bestand unseres Heeres. Sie operieren an folgenden Orten und unter dem Befehl folgender Chefs:

Unsere Kolonnen 2 und 6, unter dem Befehl der Generäle Carlos Salgado P. und Abraham Rivera, operieren mit vollem Erfolg an der Atlantikküste.

Unsere Kolonne 1, unter dem Befehl Generals Pedro Altamarino, kontrolliert die Departements Chontales und Matagalpa.

Unsere Kolonne 3, unter dem Befehl Generals Pedro Antonio Irías, kontrolliert das Departement Jinotega.

Unsere Kolonne 7, unter dem Befehl Generals Ismael Peralta, kontrolliert das Departement Estelí.

Unsere Kolonnen 4 und 8, unter dem Befehl der Generäle Juan Gregorio Colindres und Juan Pablo Umanzor, kontrollieren die Gebiete Somoto, Ocotal, Quilalí und El Jícaro.

Unsere Kolonne 5, unter dem Befehl Generals José León Díaz, kontrolliert die Departements León und Chinandega.

Unser Hauptquartier liegt im Zentrum der acht genannten Departements. Unsere Kolonnen sind mit mathematischer Genauigkeit an strategischen Punkten rechter- wie linkerhand von unserem Hauptquartier verteilt.

Unser Heer ist das disziplinierteste, opferbereiteste und uneigennützigste auf dem ganzen Erdball, denn es ist sich seiner großen historischen Rolle bewußt. Da hat es keine Bedeutung, wenn niederträchtige Federn uns »Banditen« nennen, denn die Zeit und die Geschichte werden beweisen, ob die Banditen dort oben sind oder in Las Segovias, wo die Liebe und die Brüderlichkeit unter den Menschen herrschen.

Selbst wenn unser Heer die Erschießung von Verrätern befiehlt, so geschieht das aus unbedingter Liebe zur Freiheit. Denn nur diejenigen werden erschossen, die sich an dieser Freiheit vergreifen, die uns ein Sklavendasein aufzwingen wollen, gegen das wir uns in heiligem Zorn auflehnen.

[...]

Am 24. Juli sind es vier Jahre her seit der ersten Schlacht unseres Heeres in Ocotal gegen die Armee des wohl groteskesten Imperialismus der ganzen Welt. Damals wie heute hat der impotente Feind alle seine Waffen gegen uns eingesetzt, auch die Waffe der Verleumdung, die mächtigste Waffe der Feigen.

Nichts unterscheidet mich von einem einfachen Soldaten anderer Heere auf der Welt. Weder ist meine Stimme hochmütig, noch flößt meine Gegenwart Furcht und Schrecken ein, wie es vielleicht manche denken mögen. Und doch hatten wir in unserer Erfüllung einer Bürgerpflicht die Freude, vor uns auf dem Boden, erniedrigt, zahlreiche hohe Chefs und Offiziere der hochmütigen Armee der USA zu sehen, die uns vernichten wollten, aber nur selbst vernichtet wurden. Wir haben bereits der Welt bewiesen, in welchem Maße die Macht des Rechts – ausgefochten mit Gewalt, wie sonst – mehr erreichen kann als das Recht der brutalen Macht. Ich habe ein ruhiges Gewissen und genieße das befriedigende Gefühl der erfüllten Pflicht. Bis in den Traum hinein bin ich glücklich, denn ich schlafe den süßen Schlaf eines gesunden Kindes.

(GAB, S. 109–111, 115 und GS, S. 149–151, II)

47. Kommuniqué
(20. Oktober 1931)

Wir haben unter Beweis gestellt, daß wir weder über die Unterstützung einer indohispanischen Regierung noch irgendeiner anderen Nation des Erdballs verfügen. Nicaragua ist direkt und einzig und allein durch unser Heer repräsentiert und darum nur auf seine

127

eigenen Mittel und Kräfte angewiesen. Unter diesen Umständen wurde unseren Expeditionskolonnen der Befehl erteilt, alles für ihren Unterhalt Notwendige von Einheimischen und Ausländern zu beziehen. So geschah es oft, daß eine Kolonne, wenn sie zu einer Hazienda kam, die sich auf unserem nationalen Territorium befindet, alle Nahrungsmittel und anderen Vorräte beschlagnahmte. Es kam auch schon vor, daß unsere Soldaten den Eigentümern Schuhe und Kleidungsstücke wegnahmen, denn sie brauchten sie viel dringender, und außerdem ist es auch ungerecht, daß die Männer, die die Freiheit Nicaraguas erkämpfen, in Lumpen gekleidet gehen. Deswegen haben uns viele Elende als »Banditen« bezeichnet, aber die Geschichte selbst wird uns Gerechtigkeit widerfahren lassen, wenn erst einmal alle begriffen haben, daß die beraubten Kapitalisten die alleinigen und unmittelbaren Verantwortlichen an allem, was in Nicaragua geschehen ist, sind, denn sie holten die Yankee-Söldner auf unser Territorium.

Um jeden Preis sollten Brände vermieden werden, denn es dürfen keine Ruinen übrigbleiben. Es würde reichen, wenn unsere Jungens Schraubenzieher mitnähmen, die Türen und Fenster herausschraubten und sie zusammen mit allem Hausrat, der unbedingt zerstört werden muß, verbrennen. Als Strafe und um Angst zu verbreiten. Dieses Vorgehen ist sehr praktisch und wirksam, und darum wäre es gut, wenn du es deinen Gebietskommandanten begreiflich machen würdest. Ausgebrannte Häuser bleiben als Anklage stehen. Häuser ohne Türen rufen Gelächter hervor, und die Strafe ist allen sichtbar.

(GS, S. 155, II)

48. Manifest an die Kapitalisten
(15. November 1931)

»Manifest«
An alle Kapitalisten in Jinotega, Matagalpa, Estelí und Ocotal, die von unserem Heer benachrichtigt wurden
Ich habe die Nachricht erhalten, daß die Organisierung der sogenannten *notwendigen* HANDELSKAMMER in Jinotega vorangetrieben wird, um dem Wunsch der Kapitalisten nach größerer Unterstüt-

zung von seiten der Interventionsregierung und der Eindringlinge in Nicaragua nachzukommen.

Solange die ausländische Intervention in Nicaragua weiterbesteht, wird es keine Garantien für Leben noch Besitz geben:

Schon lange genug kämpfen wir gegen die Horden von Invasoren und Vaterlandsverrätern, als daß Sie noch an der Wahrheit meiner Worte zweifeln könnten.

Es ist unwichtig, daß man uns BANDITEN nennt, aber sicher würden viele unserer Feinde, die dieses Schreiben zu lesen bekommen, einmal das befriedigende Gefühl der erfüllten Pflicht empfinden wollen, das wir Angehörige unseres Heeres empfinden, die wir trotz aller Verleumdungen die Ehre unserer nicaraguanischen Familie vor den freien Menschen der Erde gerettet haben. Es ist dabei unwichtig, daß WIR MANCHMAL DRASTISCHE MASSNAHMEN ZUM WOHLE DER NATION ergreifen mußten.

DIE FREIHEIT WIRD NICHT MIT BLUMEN EROBERT, SONDERN MIT KUGELN, UND DARUM MUSSTEN WIR AUF MACHETENHIEBE UND GEWEHRSALVEN ZURÜCKGREIFEN.

Denken Sie daran, daß jetzt in diesen Tagen, da wir dieses Manifest verfassen, die größte Wahrscheinlichkeit besteht, daß unser Heer unsere ganze Republik unter seine militärische Kontrolle bringen wird und daß meine Worte nicht verdreht werden dürfen, indem man sie als Zeichen einer Schwäche von uns auslegt, ganz im Gegenteil. Ich habe diese Erklärungen abgegeben, weil wir begriffen haben, daß die Waffe, die der Feind am geschicktesten gegen uns gebraucht, die Waffe der Verleumdung ist.

Die besagten Personen, die von unserem Oberkommando benachrichtigt worden sind, Steuerzahlungen zu leisten, sollten den Befehl schnellstens erfüllen, sonst SIND SIE SELBST FÜR DIE FOLGEN VERANTWORTLICH.

Hauptquartier des Verteidigungsheeres der Nationalen Souveränität Nicaraguas, am 15. November 1931.

Vaterland und Freiheit!

gez. A. C. Sandino
(Stempel)

(AS, S. 280–282)

49. An General Francisco Estrada
(November 1931)

Herrn General Francisco Estrada, militärisches Operationsfeld.
Lieber Bruder,
in Ihrer Nachricht vom 27. Oktober dieses Jahres teilen Sie uns mit, daß Sie mit Ihrer ganzen Truppe versammelt sind, und Sie erwähnen auch, daß Sie mir eine andere Mitteilung schicken wollen, aber ich habe sie bis heute nicht erhalten. Ich werde später auf Ihre Briefe antworten, heute will ich Ihnen nur folgenden Befehl erteilen:
Nach Erhalt meiner Nachricht brechen Sie sofort in Richtung Quilalí auf und greifen die Ortschaft vom Bahnwärterturm aus an. Versuchen Sie bis zum Sieg zu kämpfen, selbst wenn Sie alle Munition verbrauchen müßten, denn General Díaz hat alle Munitionskisten erhalten und wird auf schnellstem Weg zu uns stoßen können, wenn der Feind erst einmal von diesem Berg vertrieben ist.
Wenn Ihre Leute zögern anzugreifen, STÜRMEN SIE GANZ ALLEIN MIT IHRER PISTOLE VORAN UND SCHIESSEN SIE AUF DAS DORF. Für heute habe ich keine weiteren Instruktionen.
Herzliche Grüße an alle,
Vaterland und Freiheit!

gez. A. C. Sandino
(ein Stempel)

(AS, S. 277)

50. Kriegsbericht
Nachrichtenbulletin des Verteidigungsheeres
über die Operationen im Monat April
(18. Mai 1932)

An die lateinamerikanischen Beobachter:
Wir hatten recht, als wir von vornherein sagten, daß der Feind es selbst übernehmen würde, die neuesten Meldungen über unsere militärischen Operationen zu veröffentlichen. Diese Meldungen sind die besten Beweise für die Verluste an Menschen und Kriegsmaterial, die er erlitten hat; und das alles nur wegen seiner internationalen politischen Machenschaften.

Am 4. April rebellierten die ehemaligen Gardisten, die den feindlichen Truppen in Quizalava an der Atlantikküste Nicaraguas angehörten, gegen die Yankee-Freibeuter, die sie befehligten. Sie töteten, um den Plan, der ihnen aufgetragen war, bis zum Ende zu erfüllen, den Leutnant Charles Lebos, der Yankee-Staatsbürger ist, und verwundeten den Unterleutnant Carlos Rayo. Im Ergebnis dieser Rebellion erhielt unser Heer: 21 Springfield- und Lewis-Gewehre, darunter einige Granatwerfer, 21 Granaten, ein Maschinengewehr mit 1 600 Schuß Munition, 5 000 Schuß Munition für Springfields, einen 45iger Colt mit 6 Magazinen, ein Bronis-Maschinengewehr, ein Brown-Colt-Maschinengewehr mit vollständiger Ausrüstung, 9 000 Schuß Munition für Lewis. Diese Kriegsbeute wurde von den Ex-Gardisten Sebastián Jiménez, Felipe Briseño H., Francisco López und Aurelio Flores übergeben, die jetzt in unserem Heer dienen. Die Waffen wurden von den Generälen Estrada und Morales und Oberst Sócrates Sandino in Empfang genommen.

Am 11. des gleichen Monats wechselten drei Artilleristen der feindlichen Abteilung von Quilalí, Antonio García, Balbino Hoyos und Antonio Cornejo, mit ihren Waffen und Ausrüstungen in unsere Reihen über: einem Bronis-Maschinengewehr und zwei Thompson-Maschinengewehren mit der zugehörigen Ausrüstung, Handgranaten und Munition für Springfields. Die Waffen wurden von General Colindres in Empfang genommen.

Am 15. April lieferte Kapitän Heriberto Reyes dem Feind einen blutigen Kampf von drei Stunden in San Luis, Jurisdiktion Ocotal. 30 Verräterhunde und einer der Piraten, der sie befehligte, wurden getötet. Auf unserer Seite hatten wir den Tod unserer Brüder Alberto Cruz Rodríguez und Fausto E. García zu beklagen.

Am 21. des Monats griffen unsere Truppen unter Befehl des Generals Morales die feindliche Abteilung an, die frisch in Quizalaya einquartiert wurde. Dieses Mal zeigte sich der Feind stärker, und doch mußte er nach eindreiviertel Stunden erbitterten Kampfes die Stellung räumen. Auf unserer Seite hatten wir den Tod unserer Brüder Oberstleutnant Francisco Montenegro, Kapitän Zeledonio Gutiérrez, Leutnant Marcelino Rugama und des jungen Studenten der Universität von León, Nicaragua, Octavio Oviedo zu beklagen. Die Generäle Morales und Estrada setzen den Marsch an die Atlantikküste fort. Wir haben auch Reservetruppen an der Küste. In dem genannten Kampf wurden verletzt: Leutnant Rafael Zamora, Leutnant Orlando Baldizón und Leutnant Santos Godoy.

Am gleichen Tag bereitete Oberst Juan Altamirano dem Feind in Santa Barbara, Jurisdiktion Jinotega, eine Niederlage. Der Feind ließ fünf Verräterhunde und einen Yankee-Piraten auf dem Kampffeld. Am gleichen Tag griffen die Truppen unter dem Kommando von Oberst Juan Altamirano eine andere feindliche Kolonne an dem Ort namens Chaguitillo an. Der Feind wurde vollkommen aufgerieben, und 3 000 Schuß Munition Springfields und zwei 45iger Pistolen wurden erbeutet. Wir hatten keine Verluste, und dem Feind gelang es, seine Toten und Verwundeten zu bergen.

Am gleichen Tag griffen auch die Kolonnen unter dem Befehl der Generäle Carlos Salgado P., Juan G. Colindres und des Kapitäns Heriberto Reyes den Feind in La Puerta, Departement Ocotal, an. Der Feind leistete eine dreiviertel Stunde Widerstand und wurde dann vernichtend geschlagen. Zwei Yankees und zwölf Verräterhunde wurden getötet. Ein Bronis-Maschinengewehr, fünf Springfield-Gewehre wurden erbeutet. Außerdem eine große Menge Munition. Wir hatten bei diesem Kampf keine Verluste. Um vier Uhr nachmittags des gleichen Tages hatte die gleiche Kolonne unter Befehl der obengenannten Generäle bei Los Leones ein heftiges Feuergefecht mit der feindlichen Verstärkung, das bis zum Einbruch der Nacht dauerte. Bei Besichtigung des Kampffeldes fand man fünf getötete Verräterhunde und drei tote Yankee-Offiziere. Erbeutet wurden: 12 Springfield-Gewehre, drei 45iger Pistolen, ein Granatwerfer mit 6 Granaten und viele für die Geschichte Nicaraguas wichtige Dokumente. Auf unserer Seite haben wir den Tod unserer Brüder Pío Melgara und Estanislao Madariaga zu beklagen. Manuel Valladares wurde verletzt.

Am 23. April lieferten General Salgado und Kapitän Heriberto Reyes dem Feind ein anderes Feuergefecht bei Los Bellorines. Der Feind ließ sieben Tote auf dem Kampffeld.

Über die anderen Kämpfe des Monats April, die General Umanzor, die Obersten Tomás Blandón, Perfecto Chavarría, Ruperto Hernández Roblero, General José León Díaz usw. im Landesinneren lieferten, hat der Feind bereits selbst Meldungen veröffentlicht.

Am 1. dieses Monats lieferte General Salgado dem Feind einen weiteren blutigen Kampf in der Stadt Antigua. Auf unserer Seite fiel unser Bruder Federico Tercero, gebürtig aus San Marcos de Colón, Honduras.

Am gleichen Tag griff General Colindres den Feind an dem Ort namens Los Bellorín an. Der Kampf dauerte drei Stunden, der

132

Feind ließ 36 Tote auf dem Kampffeld und eine Ladung Waren mit 14 Wolljacken, 3 Umhängen, 2 Anzügen, 1 Paar Schuhen und einem Zelt. Auf unserer Seite haben wir den Tod unseres Bruders Juan Pablo Bellorín, des Besitzers der Hazienda, wo der Kampf stattfand, zu beklagen.

51. Brief von Mr. Walter A. Gaspar
(30. März 1932)

San Rafael del Norte, Departement Jinotega, den 30. März 1932.
Mister Walter A. Gaspar
330 Wisconsin Av. Wankisba, Wisconsin, USA.
Meine geliebte Mutter,
heute wurde ich aus Jinotega benachrichtigt, daß Dein Paket gerade mit dem Flugzeug angekommen ist ... Ich hatte die Absicht, Dir einen ausführlichen und zärtlichen Brief zu schreiben, aber der Krieg und die Sandinisten oder was auch immer hinderten mich daran. Heute vor sieben Monaten kam ich in diesen Winkel der Hölle, und ich hätte es vorgezogen, die ganze Zeit über in China gewesen zu sein, wo ich mich sicherer gefühlt hätte. Ich höre lieber das Getöse einer Schlacht als einen einzigen Schuß, der hinter meinem Rücken abgegeben wird ... So ist das Leben in San Rafael del Norte. – DAD
(Übersetzung eines Briefes des Yankee-Kapitäns Walter A. Gaspar an seine Mutter, dem ein Scheck über 36,85 Dollar beilag.)

(GAB, S. 119–121)

52. Rundschreiben (1)
(27. August 1932)

[...] Unser Heer bereitet sich vor, die Zügel der nationalen Macht in seine Hände zu nehmen. Dann werden wir große Kooperativen der nicaraguanischen Arbeiter und Bauern bilden und unsere Naturreichtümer zum allgemeinen Nutzen der nicaraguanischen Familie selbst ausbeuten.

Alle unsere zivilen Behörden sollten sich in Lehrer unserer jüngeren Brüder verwandeln und ihnen erklären, daß wir die Wahlfarcen des Feindes mit allen Mitteln verhindern müssen.

Zum weiteren:

Alle Briefe, die uns unsere Brüder aus dieser Region geschrieben haben, sind zur rechten Zeit gekommen, und obwohl es uns noch nicht möglich war, sie alle zu beantworten, erwarten wir weiterhin Eure Informationen, damit wir besser über Eure Lage Bescheid wissen.

Hauptquartier des Verteidigungsheeres der Nationalen Souveränität Nicaraguas, Las Segovias, Nicaragua, Mittelamerika, den 27. August 1932.

Vaterland und Freiheit! gez. A. C. Sandino

(ein Stempel)

(AS, S. 354)

53. Rundschreiben (2)
(11. September 1932)

Rundschreiben an alle Polizeichefs und Richter von Mesta, die dem Verteidigungsheer der Nationalen Souveränität Nicaraguas angehören. An die gesamte Republik. Hiermit geben wir bekannt:

Am 7. dieses Monats erließ unser Oberkommando ein Gesetz, daß alle Telefon- und Telegrafenverbindungen unterbrochen werden sollen, um die Wahlen, die die Interventionsmacht durchzuführen gedenkt, zu verhindern. Die Feindseligkeiten gegen den Invasor sollen in allen Formen und verstärkt vom heutigen Datum bis zum 1. Januar kommenden Jahres fortgesetzt werden.

Darum befehle ich in meiner Eigenschaft als Generalstabschef allen obengenannten Autoritäten, sofort den Empfang dieses Rundschreibens zu bestätigen und besagtes Gesetz genauestens und strikt zu erfüllen.

Gehorchen Sie, und erfüllen Sie das Gesetz.

Militärisches Operationsfeld des Generalstabs, den 11. September 1932. F. Estrada

Vaterland und Freiheit! General und Chef des Generalstabs

(GS, S. 177, II)

54. Friedensprotokoll
(20. Januar 1933)

Der Unterzeichnende, General und Chefkommandant des Verteidigungsheeres der Nationalen Souveränität Nicaraguas, formuliert
das folgende Friedensprotokoll, an das sich unsere Delegierten bei
der Unterzeichnung des endgültigen Friedensvertrages zu halten
haben:

1. Genaueste Kenntnisnahme des Politischen Programms, das Doktor Sacasa für die vier Jahre seiner Präsidentschaft vertritt; Rück-
versicherung, daß er jede ausländische Einmischung in den Staats-
haushalt Nicaraguas zurückweist; Überprüfung seiner Haltung gegenüber der sogenannten Nationalgarde; Kontrolle, ob Dr. Sacasa
irgendwelche Abkommen mit den US-Interventen abgeschlossen hat.

2. Auf Initiative der Exekutive dekretiert der Nationalkongreß
von Nicaragua die Schaffung eines neuen Departements, das unbe-
bautes Land in dem Gebiet zwischen El Chipote und der nicaragua-
nischen Atlantikküste umfaßt. Es soll den Namen »Licht und
Wahrheit« tragen und die folgenden territorialen Grenzen haben:
ausgehend von der Jurisdiktion Cifuentes, Honduras, über den
Cerro de El Capiro, den Fluß San Pablo, die Ortschaften Encinos,
Murra, El Chipote, Santa Cruz de Jinotega, Bocaycito, Quisulí,
Illas, Saslay, über den Cerro de Asa und den Cerro de Cola Blanca
nach Sandybé bis ans Meer und dann weiter über Carastasca den
Fluß Patuca entlang zum Ausgangspunkt Cifuentes, Honduras.
Das will aber keineswegs bedeuten, daß die Schaffung eines neuen
Departements eine Schenkung für unser Heer oder gar für den Un-
terzeichnenden darstellt, sondern damit wird das Ziel verfolgt, zum
allgemeinen Wohle des Vaterlandes zu wirken.

3. Auf Initiative der Exekutive dekretiert der Nationalkongreß
von Nicaragua, daß im neuen Departement »Licht und Wahrheit«
alles Kriegsmaterial, das das Verteidigungsheer der Nationalen
Souveränität Nicaraguas während seines Kampfes zur Verteidigung der nationalen Würde verwendet hat, erhalten bleibt und daß
alle militärischen und zivilen Behörden des besagten Departements
aus den Angehörigen unseres Heeres ernannt werden. Wir wollen,
daß die Waffen, die wir mit dem Blut von Patrioten erlangt haben,
unter der Verfügungsgewalt der Departementsregierung von »Licht
und Wahrheit« bleiben, weil wir so besser die Ordnung in unserer
Republik schützen können und weil der Unterzeichnende und der

größte Teil der jetzigen Angehörigen unseres Heeres in diesem Gebiet bleiben werden, bereit, jede Aggression gegen die verfassungsmäßige Regierung Nicaraguas zurückzuweisen.

4. Auf Initiative der Exekutive dekretiert der Nationalkongreß von Nicaragua, daß alle Dokumente, in denen die patriotische Haltung unseres Heeres als Banditentum bezeichnet wird, aus den nationalen Archiven herausgeholt und verbrannt werden. Es wird offiziell die Haltung für legal erklärt, die der Unterzeichnende und sein Heer am 4. Mai 1927 einnahmen, als die Regierung der Vereinigten Staaten von Amerika in ohnmächtiger Wut den nicaraguanischen Truppen drohte, sie mit Gewalt zu entwaffnen, wenn sie sich nicht ihren despotischen Launen unterwerfen. Der Punkt, alle verleumderischen Dokumente aus den nationalen Archiven zu entfernen und sie zu verbrennen und weiter die Haltung des Unterzeichnenden und seines Heeres für legal zu erklären, ist eine Frage der nationalen Würde, denn nur aufgrund dieser Haltung bleibt Nicaragua eine freie, souveräne und unabhängige Republik.

5. Im endgültigen Friedensabkommen muß ausdrücklich vermerkt werden, daß das Verteidigungsheer der Nationalen Souveränität Nicaraguas die Revidierung der Verträge Bryan–Chamorro verlangt, denn bekanntlich wurden sie von einer nicaraguanischen Regierung abgeschlossen, die durch die nordamerikanischen Interventen selbst an die Macht gebracht wurde. Weiter fordert das Verteidigungsheer der Nationalen Souveränität Nicaraguas, daß die Kanallinie durch Nicaragua und das vorgesehene Gebiet für die Schiffsbase im Gold von Fonseca zum indohispanischen Territorium erklärt wird. Zu diesem Zweck soll ein Kongreß mit Vertretern der 21 Republiken unseres spanischen Amerika und Vertretern der Vereinigten Staaten von Amerika in der Hauptstadt der Republik Argentinien zusammenkommen. Er soll auch die Nichteinmischung in die inneren Angelegenheiten unserer indohispanischen Republiken gesetzlich verankern, damit ihre Souveränität und Unabhängigkeit respektiert und eine brüderliche Annäherung gefördert wird, die eine Grundlage der Solidarität im freien Zusammenleben der Völker unseres Kontinents bilden kann.

Provisorisches Hauptquartier des Verteidigungsheeres der Nationalen Souveränität Nicaraguas, Las Segovias, Nicaragua, Mittelamerika, am 20. Januar 1933.

Vaterland und Freiheit!   A. C. Sandino
(AS, S. 419–421 und GS, S. 206, 207, II)

55. Aufruf
(1. Februar 1933)

Meine lieben Brüder:
Unser Heer stellt durch die erhabene Größe seines Kampfes eine
moralische Autorität auf dem Kontinent dar und hat es in einer
Atmosphäre von Sympathiegefühlen, die ihm in der Welt entgegen-
gebracht werden, erreicht, daß die nordamerikanischen Piraten
vollständig aus Nicaragua vertrieben worden sind. Aber der Feind
hat bei seinem Abzug die Dinge so geregelt, daß die Truppen Sacasas weiter unser Heer bekämpfen, daß sie weitere Revolutionen
schüren, damit ein neuer Vorwand geschaffen wird, die Freibeuter-
heere wieder nach Nicaragua zu holen, und als Grund die Fortsetzung unseres Kampfes anzugeben.
In Anbetracht dieser Lage und in der Meinung, daß Sacasa diesen
neuen Konflikt durch vernünftiges Handeln verhindern könnte, beschloß ich in Absprache mit allen hier versammelten Chefs unseres
Heeres, die Ankunft unserer Delegierten im provisorischen Hauptquartier und die noch verbleibenden 5 Tage Waffenstillstand, der
mit dem 5. Februar um 12 Uhr beendet ist, auszunützen und persönlich Dr. Sacasa aufzusuchen, um mit ihm offen über dieses Problem zu sprechen. Ich will versuchen, es mit ihm ein für allemal zu
lösen, und zwar in der Form, daß unser gesamtes Heer den Kampf
weiterführen wird und alle Verantwortung auf Doktor Sacasa zu-
rückfällt, wenn die patriotischen Vorschläge unseres Heeres nicht
angenommen werden, sondern vielmehr versucht wird, meine Rückkehr zu verhindern.
Liebe Brüder:
Bis zum 5. dieses Monats bleibt Interimschef des Heeres unser Bruder, Doktor und General Escolástico Lara, dem unser gesamtes
Heer in allem, was den Dienst und die anderen militärischen Vor-
schriften betrifft, zu gehorchen und zu respektieren hat, während
wir ihn gemeinsam und einstimmig zum neuen Oberkommandierenden des Heeres ausrufen.
Provisorisches Hauptquartier des Verteidigungsheeres der Nationalen Souveränität Nicaraguas, am 1. Februar 1933.
Vaterland und Freiheit!

A. C.. Sandino

(AS, S. 443, 444 und GS, S. 219, 220. II)

56. Rede vor den Truppen
(2. Februar 1933)

Brüder:
Wir haben gekämpft, damit unser Vaterland frei von ausländischen
Interventen wird. Der Yankee ist abgezogen, aber hinterhältig
wartet er nur darauf, zurückzukommen, wenn wir unseren Kampf
fortführen. Er irrt sich. Ich denke, daß der Friede in den kommenden fünf Tagen unterzeichnet werden wird, und darum halte ich es
für das beste, mit Doktor Sacasa direkt über den Friedensabschluß
zu verhandeln. Ich übergebe das Oberkommando für die Tage, in
denen ich abwesend sein werde, an General Lara, der wie Doktor
Sacasa aus León gebürtig ist. Wenn Doktor Sacasa mich, anstatt
mich anzuhören, gefangennimmt, werde ich mich töten, und wenn
ich es nicht tue, ist jeder von euch berechtigt, mir als Verräter ins
Gesicht zu spucken.

(GS, S. 221, II)

57. Rundschreiben (3)
(4. Februar 1933)

Rundschreiben an alle zivilen und militärischen Chefs unseres Verteidigungsheeres der Nationalen Souveränität Nicaraguas.
Liebe Brüder:
Gestern kehrte ich ins provisorische Hauptquartier zurück und bin
wieder auf meinem Posten als Generalstabschef unseres Heeres,
nachdem ich den Frieden in Nicaragua in vollkommener und be-
friedigender Form geregelt habe.
Ich ersuche Sie, sofort nach Erhalt dieses Rundschreibens mit allem
Kriegsmaterial, das Sie unter Ihrem Befehl oder unter Ihrem Schutz
haben, nach San Rafael del Norte zu kommen, wo ich vom 6. dieses
Monats an mit dem Rest meiner Truppen sein werde und wo ich Sie
persönlich über alle Regelungen, die getroffen worden sind, informieren werde.
San Rafael del Norte haben wir zum allgemeinen Sammelpunkt
unseres Heeres bestimmt, weil wir dort alle Garantien und Sicher-
heiten genießen. Außerdem wird es schon keine Streitigkeiten zwi-

schen den Heeren mehr geben, denn wir sind fest und aufrichtig mit Doktor Sacasa verbunden, und unser Wort hat bei ihm Einfluß für eine befriedigende Regelung jeder Angelegenheit, die einer Lösung bedarf.

Aufrichtigst Euer Bruder.

Provisorisches Hauptquartier des Verteidigungsheeres der Nationalen Souveränität Nicaraguas, Quinta Guadalupe, am 4. Februar 1933.

Vaterland und Freiheit!

A. C. Sandino

(GS, S. 229, 230, II)

58. Eine Schar tapferer Männer
(1933 [?])

Das Verteidigungsheer der Souveränität Nicaraguas ist niemandem verpflichtet. Weder unterstützt es, noch verteidigt es Caudillos. Seine Losung beruht auf dem heiligen Grundsatz der Ehre und der Loyalität und anerkennt im politischen Sinne nur die Legalität der Wahl des Doktor Juan B. Sacasa, die aus dem souveränen Willen des Volkes hervorgegangen ist. Es gibt weder aus konventionellen Gründen seinen Kampf auf, noch läßt es jemals eine ausländische Intervention in seinem Land zu, denn seine Taten stimmen mit den Fakten überein. Wenn der verfassungsmäßige Präsident meines Vaterlandes durch Intervention der Yankees von unserem Boden vertrieben und hinterlistig von seinem obersten Militärchef, dem er den Befehl über seine Armee anvertraut hat, verraten werden würde, dann ist es immer noch so, daß die Schar tapferer Männer, die mit ihrem Blut die Legalität seiner Wahl verteidigt, in einer Hand das Symbol des Vaterlandes und in der anderen das Gewehr hält, die Rechte der Nation, die so viele Male verhöhnt und mit Füßen getreten wurden, verteidigt und immer verteidigen wird.

(GS, S. 282, 283, II)

59. An General Francisco Estrada
(24. Mai 1933)

San Rafael del Norte, den 24. Mai 1933
Herrn General Francisco Estrada,
Santa Cruz.
Lieber Bruder,
die Lage in Nicaragua sieht folgendermaßen aus: Die Nationalgarde ist eine Feindin der Regierung und auch VON UNS. Sie ist eine
Institution, die gegen die Gesetze der Verfassung unserer Republik
verstößt. Sie wurde nach Übereinkunft zwischen der liberalen und
der konservativen Partei auf Anraten der nordamerikanischen Interventionsmacht geschaffen. Diese Garde betrachtet sich faktisch
als der Regierung überlegen und führt darum die Weisungen des
Präsidenten oft einfach nicht aus.
Vaterland und Freiheit!

A. C. Sandino

(AS, S. 495, 496)

60. Erklärungen in der Presse
(Februar 1934)

Ich werde der Nationalgarde die Waffen nicht übergeben, denn sie
ist keine verfassungsmäßige Autorität. Ich will keinen Krieg, eher
verlasse ich das Land, und ich werde auch keinen Einfluß auf die
Meinen ausüben, mir nachzufolgen. Schon 17 meiner Leute sind ge-
tötet worden, und die Gefängnisse in Las Segovias sind voller Sandi-
nisten.
Journalist: Ist es wahr, daß Sie gestern nachmittag Erklärungen
abgegeben haben, daß Sie nicht die Waffen ausliefern werden, so-
lange die Nationalgarde keine verfassungsmäßige Institution ist?
Sandino: Ja, das habe ich gesagt . . .
Journalist: Also werden die hundert Männer, die General Francisco
Estrada befehligt, nicht entwaffnet?
Sandino: Diese Reservetruppe steht unter dem Befehl des Herrn
Präsidenten, und er kann sie rufen, wenn er es für erforderlich hält.
Heute noch kann er sagen: Übergebt mir die Waffen, und er wird
sie erhalten.

Journalist: Aber da das nicht alle Waffen sind, behalten Sie die übrigen, die Sie nicht ausliefern würden?

Sandino: Man kann nicht von mir fordern, daß ich die Punkte des Abkommens erfülle, wenn die andere Seite sie nicht auch erfüllt. Sehen Sie sich das Abkommen an. Da heißt es wörtlich, daß ich stufenweise der verfassungsmäßigen Autorität die Waffen übergeben werde. Die Nationalgarde ist keine legal konstituierte Körperschaft. Folglich bin ich nicht verpflichtet, sie ihr abzuliefern. Es wurde auch festgelegt, daß uns Garantien gegeben werden, aber das wurde nicht erfüllt. Ich habe hier diese Liste von 17 Männern, die während des ganzen Jahres kein Verbrechen verübt haben und im Gefängnis sind. Außerdem sind die Gefängnisse von Las Segovias voller Sandinisten, seit das Abkommen unterzeichnet worden ist. General José León Díaz ist in der Garnison von El Ocotal in Haft. Es ist ihm verboten, sich zu rasieren, und die Haare fallen ihm schon auf die Schultern. Aber für den Frieden in Nicaragua haben wir bis jetzt alles ertragen.

Journalist: Aber die Nationalgarde hat sie doch in Wiwilí in Ruhe gelassen.

Sandino: Sie hat uns nicht in Ruhe gelassen. Sie verfolgen die Sandinisten, die auf der Suche nach Arbeit in unsere Kooperative kommen. Bis nach Wiwilí direkt sind sie natürlich noch nicht gekommen, weil wir bewaffnet sind.

Journalist: Aber die Garde ist gewillt, das ganze Gebiet, das Sie mit Ihren Leuten besetzen, zu kontrollieren. Werden Sie sich dem widersetzen?

Sandino: Wenn meine Absicht, die Regierung des Doktor Sacasa zu unterstützen, nicht richtig interpretiert wird, würde ich nicht den bewaffneten Kampf beginnen, sondern das Land verlassen. Ich würde ein Manifest an die Welt richten und erklären, was hier vorgeht, aber ich würde auf keinen Fall einen Einfluß auf die Meinen ausüben, mir nachzufolgen. Ich kann meine Leute hier nicht in den Händen illegaler Autoritäten lassen. Sie müssen in Sicherheit leben können. Soll sich die Nationalgarde verfassungsmäßig konstituieren, dann werde ich die Waffen meiner Männer abliefern. Oder man gebe mir Garantien, daß alle Bedingungen, die ich stelle, erfüllt werden, dann würde ich selbst per Flugzeug die Waffen bringen.

Journalist: Glauben Sie nicht, General, daß die Garde verpflichtet ist, darüber zu wachen, daß es keinen Staat im Staate gibt?

Sandino: Wenn die Dinge ihre Ordnung haben, dann ja. Aber in diesem Falle gibt es nicht zwei, sondern drei Staaten: die Macht des Präsidenten der Republik, die der Nationalgarde und die meine. Das ist einfach absurd. Die Garde gehorcht dem Präsidenten nicht. Ich ja.

Journalist: Vor einigen Tagen hieß es, daß die Garde ein Reformprojekt ihrer Statuten ausarbeitet, um sie den Gesetzen des Landes anzupassen, und daß sie es dem Kongreß zur Abstimmung unterbreiten will.

Sandino: Das erscheint mir sehr vernünftig. Genau dieser Weg muß eingeschlagen werden, der Weg der Legalität, dann werden wir auch darauf vertrauen, daß man uns nicht mehr verfolgen wird.

Journalist: In der Tat, die Öffentlichkeit macht sich wegen dieser Situation Sorgen. Manchmal befürchtet man, daß aus solchen Streitigkeiten ein neuer Konflikt hervorgehen kann. Was sagen Sie uns dazu?

Sandino: Ich will keinen Krieg. Nichts wird mich dazu bringen. Ich wiederhole, daß ich eher das Land verlasse, als unser Vaterland mit Blut zu bedecken und viele Familien in Trauer zu stürzen. Mein Heer hat zu jeder Stunde den Präsidenten respektiert und unter-stützt ihn. Ich werde mein Stück Land bebauen und die Steuern zum Unterhalt des Staates bezahlen, vorausgesetzt, daß die Garde sich den Gesetzen unterwirft.

(RR, S. 225–227)

61. Die Ermordung Sandinos (1)
Von Leutnant Abelardo Cuadra
(21. Februar 1934)

Gefängnis »La XXI«, 10 Oktober 1935

Lieber Bruder: Ich konnte Dir nicht schreiben, weil ich nicht wußte, wie ich den Brief hätte herausschmuggeln können. Doch hier hast du die Erzählung der Ermordung Sandinos in allen Einzelheiten, die ich in jener Nacht gesehen, getan und gehört habe:

Am 21. Februar 1934, nachmittags gegen vier Uhr dreißig, während ich das »Training« einiger Boxer im »Ring« des Marsfeldes leitete, näherte sich mir der Unteroffizier César Sánchez und sagte: »General Somoza erwartet dich in seinem Büro um sechs Uhr nachmittags«, und weiter: »Es ist eine Sache von großer Wichtigkeit, die der General mit einigen Offizieren besprechen will.« Dann ging er weg.

Genau fünf Minuten vor sechs kam ich ins Büro General Somozas im Marsfeld, wo ich die folgenden Offiziere versammelt sah: General Gustavo Abaunza, Chef des Generalstabs, eineinhalb Monate später abgelöst und heute Herausgeber der Zeitung »El Centroamericano«, der Zeitung Somozas in León: Oberst Samuel Santos, Chef des Operations- und Nachrichtendienstes; Major Alfonso Gonzáles Cervantes, Chef der Zahlstelle; Kapitän Lizandro Delgadillo, Chef der 15. Kompanie; Francisco Mendieta, Versorgungschef; Kapitän Policarpo Gutiérrez, im zeitweiligen Dienst in Managua; Kapitän Carlos Tellería, Militärattaché (heute mit einer Tochter Justa Vivas' aus Masaya verheiratet); Kapitän Diego López Roig, geboren in Costa Rica, doch mit seiner Familie wohnhaft in Nicaragua, Chef der 17. Kompanie; Leutnant Federico Davidson Blanco, Wachhabender Offizier der 17. Kompanie; Leutnant José A. López, Oberster Polizeichef; Leutnant Ernesto Díaz, zweiter Polizeichef; Unteroffizier César Sánchez, Wachhabender Offizier der 3. Kompanie, und Camilo González Cervantes, ziviler Angestellter im Marsfeld. Im ganzen: vierzehn Mörder, mit mir fünfzehn. Ich fahre mit meinem Bericht fort.

Als ich ins Büro kam, hatte ich noch nicht die geringste Vorstellung, worum es sich handeln könnte, aber als ich die ersten Worte und Meinungen in den kleinen Grüppchen, die sich im Büro gebildet hatten, hörte, verstand ich, daß es darum ging, die bestehenden Schwierigkeiten zwischen Sandino und der Nationalgarde zu lösen. General Somoza kam erst gegen 6.45 Uhr. Als er eintrat, hörten wir auf zu sprechen und setzten uns in einem Halbkreis um ihn. Somoza, der an seinem Schreibtisch saß, sagte uns mehr oder weniger folgendes:

»Ich habe euch rufen lassen, weil ihr alle Offiziere meines vollsten Vertrauens seid. Ich will mit euch über die Lösung der Schwierigkeiten beraten, die zwischen dem Leben General Sandinos und dem Leben der Garde bestehen. Ich komme gerade aus dem Haus der amerikanischen Gesandtschaft und habe Botschafter Blis Lane dieses Problem vorgetragen, und er hat mich seines uneingeschränkten Beistands versichert. Das Verhalten Sandinos im öffentlichen Leben Nicaraguas, denken wir nur an seine letzten Erklärungen in der

Presse*, sind ein offener Beweis seines Ehrgeizes, und darum müssen wir im Namen des Heeres und für den zukünftigen Frieden in Nicaragua einen durchgreifenden, aber notwendigen Beschluß fassen.«

Du mußt auch verstehen, lieber Bruder, daß inzwischen mehr als anderthalb Jahre vergangen sind und meine Aufzeichnungen irgendwo zwischen den Papieren und Büchern liegen, die ich zu Hause lassen mußte und die man mir auch nicht ins Gefängnis bringen darf.

Alle ergriffen der Reihe nach das Wort und äußerten ihre Meinung über die zu ergreifende Maßnahme, und natürlich gab es auch nicht einen, der nicht als einzige Maßnahme vorschlug, Sandino zu töten, den Umstand ausnutzend, daß er sich an diesem Tag in Managua befand. Als Vorsichtsmaßnahme und um zu verhindern, daß einer der Anwesenden einmal seine Beteiligung am Verbrechen leugnen sollte, ließ Somoza ein Protokoll anfertigen, wo festgestellt wurde, daß jeder Unterzeichnende dem Beschluß freiwillig zugestimmt habe. [...]

Ich vermute, daß Somoza das von allen unterschriebene Protokoll dem Präsidenten oder dem Botschafter der USA gegeben hat. Einer der drei hat es in seinem Besitz, und es wird einmal ein sehr wertvolles historisches Dokument sein. Nachdem das Protokoll ausgefertigt und unterschrieben worden war, begann man darüber zu diskutieren, wie der Mord auszuführen sei. Es kamen die Vorschläge, ihn zu vergiften, das Flugzeug in Brand zu stecken, das ihn nach Wiwilí zurückbringen sollte, ihm in den Bergen einen Hinterhalt zu legen usw. usf., bis der Beschluß gefaßt wurde, ihn in dem Haus umzubringen, das ihn beherbergte (das Haus von Sofonías Salvatierra). Jetzt bestimmte Somoza zur Ausführung des Verbrechens die Kapitäne Delgadillo und Gutiérrez und die Leutnants López und Blanco. Diese fünf regelten zusammen die Form und alle Einzelheiten des Vorgehens. Nach einigen wenigen Minuten, in denen sie sich in dem kleinen Raum, der neben dem Büro liegt, abgesprochen hatten, gingen die vier Offiziere weg, um alles wie abgesprochen auszuführen. Somoza blieb bei uns, und zusammen warteten wir auf neue Nachrichten. (Somoza hatte schon seit langem über-

---

* Sandino hatte wenige Tage zuvor in der Presse erklärt: »In Nicaragua gibt es eine dreifache Macht: den Präsidenten, die Nationalgarde und mich.«

legt, wie er Sandino töten könnte, und als eine Art Alibi hatte er
die Dichterin Zoila Rosa Cárdenas zu einem Rezital im Marsfeld,
gegenüber dem Kanonendepot, eingeladen, dem Somoza ruhig bei-
wohnte, während sie Sandino erschossen.) Wie gesagt, wir blieben
alle im Büro Somozas, und das für acht Uhr angekündigte Rezital
mußte auf etwas später verschoben werden. Siebzehn Minuten vor
zehn kam Kapitän Delgadillo zu Fuß, fast rennend, und sagte:
»General Somoza, wir haben ihn schon. Wir halten ihn in El Hormiguero gefangen, zusammen mit Don Gregorio, Salvatierra und
den Generälen Estrada und Umanzor.«
Da fragte uns Somoza, ob es nicht besser wäre, Sandino, Estrada
und Umanzor in lebenslängliche Haft zu setzen. (Ich erzähle dir
das der Genauigkeit halber. Ich weiß nicht, ob Somoza vor der
Verantwortung Angst empfand, ob ein menschliches Gefühl in seiner Seele geweckt war oder ob er es aus ausgeklügelter Grausamkeit sagte.) Wir erwiderten alle, daß alles so geschehen solle wie
abgemacht, und Delgadillo kehrte eiligst zur Festung El Hormiguero zurück, wo sie Sandino gefangenhielten. Nachdem die vier
Offiziere weggegangen waren, war folgendes geschehen: Delgadillo,
Gutiérrez, Blanco und López waren mit dem Auto zur Garnison
des Flugplatzes (die ziemlich dicht am Hause Salvatierras liegt)
gefahren und holten sich dort die Berichte einiger Geheimpolizisten,
die seit Mittag mit dem Auftrag postiert waren, alle Schritte Sandinos und seiner Männer zu überwachen. Aus diesen Berichten erfuhren sie, daß Sandino mit den Generälen Estrada und Umanzor
im Haus des Präsidenten zu Abend gegessen hatte und erst spät in
der Nacht das Haus verlassen würde; daß Sócrates und Oberst
Santos López im Hause Salvatierras geblieben waren und Kapitän
Juan Ferreti (einer deiner Mitschüler bei den Salesianos) weggegangen war. Dann kehrte Delgadillo zum Marsfeld zurück und holte
zehn Wachen von der 15. und 17. Kompanie, während der »Kropf«
Gutiérrez und Blanco mit zehn oder vierzehn Gardisten von der
15. Kompanie und der Polizei oder der 1. Kompanie das Haus von
Salvatierra umstellten, um alle, die sich im Haus befanden, zu töten. Delgadillo legte Sandino auf einem freien Grundstück zwischen
der Festung El Hormiguero und der Staatlichen Druckerei einen
Hinterhalt. Er hatte mit Gutiérrez abgesprochen, daß dieser erst
das Haus Salvatierras stürmen sollte, wenn er Schüsse aus der Richtung, die er ihm noch durch einen Kurier bekanntgeben würde,
hören würde. Doch hängt das Leben der Menschen manchmal von

nichtigen Faktoren der Zeit und des Ortes ab. Ein Fatalist würde sagen, vom »Schicksal, der unerbittlichen Gottheit, die alles in der Welt nach ihrem Willen lenkt«, wie es sich die Griechen vorstellten. Tatsache ist, daß Delgadillo seine Wachen auf dem Grundstück postierte, den kleinen Ford GN 5 auf der Straße querstellte und den Sergeanten Juan Emilio Canales anwies, sich so hinzustellen, daß er vortäuschte, einen Reifen aufzupumpen. Aber Canales hatte, am Kotflügel mit einem Maschinengewehr postiert, Instruktion, jedes Auto, das aus der Richtung des Präsidentenhauses kam, anzuhalten, um es zu durchsuchen. Delgadillo erzählte mir später: »Zwischen meinem Warten im Hinterhalt und dem Ton der Hupe von Sandinos Auto verging kaum die Zeit, die ein Mensch braucht, um Wasser zu lassen.«

Die Fortsetzung folgt in einem anderen Brief. Schreib alles mit der Maschine ab und auf gutem Papier. Was meinst du, soll ich dir nach und nach in jedem Brief die Fotos schicken?

Dein Bruder   Abelardo

62. Die Ermordung Sandinos (2)
Von Leutnant Abelardo Cuadra
(11. November 1935)

Gefängnis »La XXI«, 11. November 1935

Das Auto General Sandinos wurde auf folgende Weise angehalten: Der Sergeant Juan Emilio Canales, der neben dem GN 5 stand, sah die Scheinwerfer zweier Autos, die sich von der Loma her näherten. Wenig später fühlte er sich vom ersten geblendet und befahl, sich mit dem linken Vorderarm die Augen abschirmend: »Anhalten!« Die Generäle Estrada und Umanzor griffen zu ihren Pistolen Kaliber 45, aber Sandino sagte: »Wartet, wir wollen sehen, was hier eigentlich los ist.« In diesem Moment kamen die Wachen, mit entsicherten Gewehren, aus ihrem Versteck, und Delgadillo sagte: »Befehl von oben. Alle sind verhaftet. Gebt uns eure Waffen.« Im Auto waren Don Gregorio Sandino, der Minister Salvatierra und General Sandino mit den Generälen Estrada und Umanzor. Don Gregorio und Salvatierra gaben ihre Waffen heraus. Estrada und Umanzor wollten schießen, aber Sandino sagte zu ihnen: »Leistet keinen Widerstand. Es kann nichts Schlimmes sein. Ich werde alles in Ordnung bringen.« Und sie übergaben ihre Pistolen und wurden gefangen in das Fort El Hormiguero gebracht. Man stellte sie mit dem Rücken zur östlichen Wand, von drei Maschinengewehren bewacht. Sandino forderte eine Erklärung, er ging auf einer Strecke von vier Metern hin und her. Er hielt die Arme über der Brust verschränkt und war sichtlich aufgebracht.

Der wachhabende Offizier in dieser Nacht in El Hormiguero war der Unteroffizier Alfredo López (einer von denen, die bei meiner ersten Verhaftung mit mir zusammen festgenommen wurden), und da Delgadillo gerade über das bei Somoza Vorgefallene berichtete, sagte Sandino: »Wer ist hier der Chef? Ich möchte mit ihm sprechen.« López näherte sich, und Sandino bat ihn: »Ich möchte telefonieren, ich möchte mit dem Präsidenten der Republik sprechen.« »Das geht nicht«, erwiderte López. »Dann möchte ich mit General Somoza sprechen«, sagte Sandino. (Da ich meine Aufzeichnungen nicht hierhabe, kann ich mich nicht erinnern, ob sie ihm dieses Gespräch vermittelten oder nicht, aber ich glaube eher nein.) López sagte, daß er höchstens General Somoza übermitteln könnte, was Sandino ihm zu sagen wünschte, und das war folgendes:

»Sagen Sie General Somoza, daß mich alles höchst befremdet, was mit uns hier geschieht; daß man uns wie Verbrecher gefangenhält, wo ich doch vor kaum einem Jahr ein Friedensabkommen mit Präsident Sacasa unterzeichnet habe. General Somoza gab mir vor drei Tagen ein Bild von ihm zum Zeichen seiner Freundschaft. Wir alle sind nicaraguanische Brüder, und ich habe nicht gegen die Nationalgarde, sondern gegen die Yankees gekämpft, und so kann ich nicht glauben, daß man jetzt die Gelegenheit nutzt, um mit uns zu tun, was man in den Bergen nicht konnte. Sagen Sie ihm, daß ich erklärt haben möchte, was er mit uns vorhat.«

Unteroffizier A. López kam mit der Botschaft zu Somoza, und etwas später kam auch Delgadillo mit einer ähnlichen Anfrage. Oberst Santos wies ihn streng zurecht: »Hören Sie auf, mit Botschaften zu kommen! Sie sind ein Militär und haben bereits Ihre Befehle! Die haben Sie unverzüglich auszuführen!« Somoza fügte sogleich hinzu: »Bringen Sie diesen Verbrecher dorthin, wo ich Ihnen gesagt habe, aber führen Sie erst Don Gregorio und Salvatierra getrennt ab!« Jetzt war alles beschlossene Sache. Somoza nahm das Telefon und gab der Garage der Garde den Befehl, den Laster GN-I zur Festung El Hormiguero zu schicken, um mit Kapitän Delgadillo einen Auftrag auszuführen.

Währenddessen hielten Kapitän Gutiérrez und Leutnant Blanco das Haus des Ministers Salvatierra umstellt, wo sich ein Verwandter von uns, Rolando Murillo, Salvatierras Schwiegersohn, befand, Sócrates Sandino und Oberst Santos López. Der Oberst schlief, Sócrates las.

Die Versammlung im Büro Somozas wurde aufgehoben, und Somoza lud mich, und ich glaube noch zwei oder drei andere, ein, ihn zum Rezital der peruanischen Dichterin Zoila Rosa Cárdenas auf dem Marsfeld zu begleiten. Sie deklamierte sehr gut und ist auch sehr hübsch anzusehen, aber Tacho schien ihr keine Aufmerksamkeit zu schenken. Es war ihm anzumerken, daß ihn etwas stark beschäftigte. Ich saß zu seiner Linken, Schulter an Schulter. Zweimal fragte er mich: »Hast du keine Gewehrsalven gehört?« Jedesmal antwortete ich mit nein.

Währenddessen führte Delgadillo Don Gregorio und den Minister Salvatierra von den Generälen Sandino, Estrada und Umanzor getrennt ab. Sie verabschiedeten sich nicht voneinander. Sandino und die Seinen wurden gezwungen, auf den Lastwagen GN-I zu steigen. Neben den Fahrer, also vorn, setzten sich Delgadillo und der Unteroffizier Carlos Edie Monterrey. Hinten auf den Lastwagen und mit dem Rücken zur Fahrerkabine setzten sich Estrada zur Linken, Umanzor zur Rechten und Sandino in die Mitte. Als sie auf den Lastwagen stiegen, sprach keiner ein Wort. Estrada stieg zuerst ein, er erblickte eine Kerosinkiste und sagte zu seinem Chef: »Setzen Sie sich hierher, General.« Drei Wachen mit Maschinengewehren und sieben mit Gewehren bewachten die Gefangen. Während der Fahrt herrschte tiefstes Schweigen. Sandino fuhr seinem Golgatha entgegen. Der Sergeant Rigoberto Somarriba, der ein Maschinenschnellfeuergewehr »Browning« hatte, erzählt mir: »Estrada und Umanzor saßen in den vorderen Ecken des Lastwagens. General Sandino saß in der Mitte, er hatte die Hände auf den Knien, den Oberkörper etwas nach vorn gebeugt. Der Mond schien taghell. Ich konnte unterscheiden, daß er seine Hände gefaltet hatte, aber er betete nicht, oder wenn er es tat, betete er nur ein Vaterunser, denn die ganze Zeit über beobachtete er uns ununterbrochen ganz merkwürdig ... Er blickte einen nach dem anderen forschend an, und als die Reihe an mich kam, fühlte ich, daß sein Blick mich bis ins Innerste traf. Da dachte ich, daß Sandino ein seltsamer Mensch ist.«

Suchte er vielleicht unter den Wachen einen Bekannten, der ihm ein

Zeichen des Einverständnisses gab, um ihm die Flucht zu erleichtern? War er dermaßen verstört durch die unvorhergesehene Form, in der sein Leben aufhören sollte? Oder dachte er vielleicht, daß alles nur ein Traum ist, aus dem er erwachen wollte? Wer weiß . . .? Im Alter General Augusto César Sandinos liebt man noch das Leben, ja mehr noch, wenn man wie er die stürmischen Jahre hinter sich gebracht hat, in denen man sieben Jahre lang in den unwegsamen Bergen, in einem ungleichen Kampf, mutig sein Leben aufs Spiel gesetzt und dann nach dem Rückzug der Marines einen Friedensvertrag unterzeichnet hat, so daß jetzt nur noch die Ernte des Gesäten vor einem liegt.

Als sie an die Stelle kamen, wo sie hingerichtet werden sollten (das erzählte mir der Unteroffizier Monterrey), bat Sandino um etwas Wasser und fragte gleichzeitig, ob es wirklich so sei, daß man sie töten wollte, denn er weigerte sich noch immer zu glauben, daß man zu einem solch feigen Mord imstande sei. Delgadillo antwortete, daß er einen Kurier zum Marsfeld schicken wollte, um General Somoza zu fragen, ob sie getötet werden sollten oder nicht. Dann sagte Delgadillo zu Monterrey: »Ich werde etwa 30 Meter des Wegs zurückgehen, und wenn Sie einen Revolverschuß hören, den ich abgeben werde, geben Sie den Befehl zur Erschießung dieser drei Männer.« Monterrey kehrte zu der Gruppe zurück und befahl eine Leibesuntersuchung eines jeden der Gefangenen. General Sandino sprach einige Worte mit seinen Gefährten, aber so leise, daß Monterrey, der am nahesten stand, sie nicht hören konnte. Diese nickten mit dem Kopf zum Zeichen der Zustimmung, und Sandino sagte zu Monterrey: »Leutnant, geben Sie mir die Erlaubnis, urinieren zu gehen.« »Machen Sie es einfach hier, Sie Schlauberger!« antwortete ihm eine Wache und richtete das Gewehr auf ihn. In diesem Moment, sagte mir Monterrey, wurde sich Sandino bewußt, daß sein Tod beschlossene Sache war, denn er sah, wie er einen tiefen Seufzer ausstieß und den Kopf schüttelte, dann sprach er kein Wort mehr.

In Wirklichkeit hatte Sandino, der gewohnt war zu siegen und stets aus seinen Tausenden von Schwierigkeiten einen Ausweg gefunden hatte, nicht die Hoffnung verloren, sein Leben und das seiner Gefährten zu retten, wie es ihm zugleich absurd erscheinen mußte, welche Art von Tod ihm nach seinem ruhmreichen Leben beschieden sein sollte. Wie er dem großen General J. A. Lejeune, der sich in Chateau-Terry im Ersten Weltkrieg hervortat, nach

einem dreitägigen Kampf in El Chipote entkommen war, wie er
sich über die Marines in Sarawasca (Oberst Calvin B. Matthews)
lustig machte, wie er alle seine Operationen siegreich führte,
manchmal mit den allerbescheidensten Mitteln, [...] das Blei nach
einem Kampf mit den Macheten aus den Baumstämmen holend,
kämpfend, immer kämpfend, so glaubte er, daß er in dieser Fe-
bruarnacht, wenn er um Wasser bäte oder darum, urinieren gehen
zu dürfen, eine günstige Gelegenheit finden würde, zu fliehen oder
den Hinrichtungsbefehl um einen Augenblick aufzuschieben, währenddessen der rettende Befehl eintreffen könnte. Doch Fortuna,
die ihm bis jetzt immer treu wie eine Frau gefolgt war, kehrte ihm
den Rücken. Und so stand der große Sandino da, nur den Kopf
schüttelnd und einen tiefen Seufzer ausstoßend, während ihm ein
Nichts von Wächelchen das Gewehr vorhält und ihm jede Hoffnung
nimmt. »Bitten Sie diese Unseligen um nichts, General, sollen sie
uns doch töten«, sagte Estrada zu ihm. Eine Wache befahl ihm, daß
er sich durchsuchen lassen solle, und Estrada band sich, ihm zuvor-
kommend, ein rotschwarzes Tuch ab und sagte zu ihm: »Ich habe
nur das. Behalten Sie es. Ich schenke es Ihnen.« Umanzor schenkte
dem Unteroffizier Monterrey eine Schachtel Zigaretten Marke
»Esfinge«, und General Sandino ließ sich nicht durchsuchen. Er griff
an seinen Gürtel und sagte: »Wenn ich eine Pistole hätte, würde ich
schon längst geschossen haben.« Und er begann hin und her zu
laufen. Die Wachen schossen nicht, denn Delgadillo hatte noch nicht
das Zeichen gegeben. Estrada und Umanzor setzten sich auf einen
Erdhügel, wie ihn auf unseren Wegen die Räder der Wagen auf-
werfen.
Ich gehöre nicht zu denen, die glauben, daß die geistigen Fähigkeiten des Menschen kurz vor dem Sterben in einem Maße an-
wachsen, daß er klarsichtig sein ganzes vergangenes Leben in einem
Satz zusammenfassen kann. Die letzten Worte Sandinos waren:
»Verdammt, meine politischen Führer haben mich hinters Licht geführt!« Und ohne daß ihm jemand etwas gesagt hätte, setzte er sich
neben die Seinen auf den Erdboden. Von links nach rechts saßen
Estrada, Umanzor und Sandino. Die zehn Wachen standen in drei
Meter Entfernung. Auf jeden der drei war ein Maschinengewehr
gerichtet. Es vergingen einige Minuten, bis plötzlich Delgadillo hinter einem Gebüsch einen Schuß in die Luft abgab. Unteroffizier
Monterrey, der seine Wachen vorher instruiert hatte, schoß als er-
ster mit seiner Pistole auf Sandino. Sein Schuß traf einen halben

Zoll über der rechten Brustwarze. Sandino zuckte zusammen und stieß einen dumpfen Laut aus. Als er zusammenzuckte, traf ihn eine Kugel in die linke Schläfe und kam genau in der rechten wieder heraus, und eine dritte Kugel durchdrang ihn mitten zwischen Plexus und Bauchnabel und kam auf der linken Seite der Wirbelsäule wieder heraus. Er war auf der Stelle tot. Umanzor trafen zwei oder drei Kugeln hinter der rechten Schläfe, die, als sie durch das linke Trommelfell wieder herauskamen, eine Öffnung verursachten, die ebensogroß oder größer war als der Kreis, den ich dir hier aufzeichne (mit einem Durchmesser von dreieinhalb Zoll). Er hatte noch mehr Einschüsse, aber ich erinnere mich nicht mehr wo. Estrada hatte vier Kugeln in der Brust und eine in der rechten Hand. Er fiel nieder und versuchte sich wieder aufzurichten, was ihm auch halb gelang, aber dann fiel er wieder zu Boden. Die Wachen stürzten sich auf die Leichen und suchten nach Geld und Schmuckstücken (wie gesagt, die Soldaten, nicht der Offizier). Sie fanden einiges Bargeld, aber nicht viel. Alle drei zusammen kamen wohl nicht auf mehr als 100 Córdobas. Der Sergeant Rigoberto Somarriba riß Sandino einen Brillantring vom Finger, den er am nächsten Tag für 70 Córdobas verkaufte. Wert war er mindestens 200. Ich weiß nicht, in wessen Besitz seine Golduhr geriet, ebensowenig, in wessen Besitz die einfachen und sehr dicken Goldringe, die sie Estrada und Umanzor wegnahmen. Keine wichtigen Papiere. Ich habe nicht in Erfahrung bringen können, ob sie die Leichen geschändet haben. Das sage ich, weil ich dir noch später erzählen werde, was ich an der Leiche General Sandinos bemerkt habe.

Während das alles geschah, antworteten Kapitän Gutiérrez und seine Leute auf die Schüsse, die Delgadillo und die Wachen abgegeben hatten, mit dem Angriff auf das Haus des Ministers Salvatierra. Sócrates verteidigte sich unter Schüssen, während sich der Oberst Santos López, der wie im Krieg angezogen schlief, mit einem Satz erhob, zum Maschinengewehr griff und zu schießen begann. Ein heftiger Schußwechsel setzte ein. Aber er begriff, daß er gegen die Garde nicht ankommen konnte, und sprang mitten im Kugelregen, den Umstand ausnutzend, daß Salvatierras Haus (ähnlich unserem Haus dort in Masaya) einen niedrigen Holzzaun hatte, der auf andere Höfe hinausführte und diese wiederum auf die Straße, sogar mit seinem Thompson-Maschinengewehr über den Zaun. Er hatte nur eine Schußwunde am Bein. Mit dieser Verletzung lief er von Managua bis ins Herz der Segovianer Berge, wo er mit Pedrón (General Pedro Altamirano) zusammentraf, mit dem er noch immer in den Bergen lebt. Sócrates Sandino verteidigte sich ebenfalls wie ein Mann. Aus der Zahl der Patronen, die in seinem Patronengürtel, den ich zusammen mit seiner Pistole sehen konnte, fehlten, schließe ich, daß er sie zweimal geladen hat. Er war an mehreren Stellen verletzt und wollte wie Santos López fliehen, aber das gelang ihm nicht mehr wegen seiner vielen Verletzungen. Von Kugeln durchlöchert, fiel er zu Boden. Dort starb auch Rolando Murillo, der fünf oder sechs Einschüsse in der Lebergegend hatte und noch acht Tage mit dem Tode rang. Außerdem starb dort noch ein Bürschchen von acht Jahren. Es hatte nur eine Kugel im oberen Teil des Kopfes. Dieser Junge hatte die Ehre, zusammen mit den Generälen Augusto César Sandino, Sócrates Sandino, Francisco Estrada und Juan Pablo Umanzor begraben zu werden.

Der Schußwechsel dauerte etwa eine Viertelstunde. Dann brach Camilo González Cervantes ins Haus des Ministers Salvatierra ein, nahm alle Papiere General Sandinos mit, und es heißt, auch einige Barren Gold, die im Safe Salvatierras waren, Gold, das Camilo zu einer Reise nach New York veranlaßte, um es dort in bares Geld zu verwandeln. Alles natürlich in Absprache mit Somoza.

Im Marsfeld unterdessen taten wir, als wüßten wir von nichts, als wir die ersten Schüsse hörten, von denen wir wußten, woher sie kamen. Es wurden rasche Befehle erteilt, und die ganze Lage wurde so gespannt, als ob das Fort jeden Moment überfallen werden könnte. Jeder bezog Posten, um etwas abzuwehren [...], das es nicht gab. Ich habe dir, glaube ich, schon gesagt, daß General Somoza mich zum Nachrichtenchef ernannt hatte. »Welche Befehle erteilen Sie mir?«, fragte ich ihn. Er gab mir zur Antwort: »Nur mich dürfen Sie verbinden.« Als ich meinen Platz im Büro einnahm, [...] sah und hörte ich, daß der Anschluß Nr. 1, das heißt der Anschluß des Präsidentenpalastes, wie wild anschlug. »Leutnant«, wandte sich der Telefonist an mich, »der Präsident der Republik persönlich telefoniert.« Der Arme zitterte. Ich nahm den Hörer ab und hörte die entrüstete Stimme des Präsidenten: »Wer wagt es hier, mich nicht zu verbinden? Ich bin der Präsident der Republik. Ich möchte mit General Somoza sprachen.« Ich unterbrach die Verbindung.

Der Präsident war aufgebracht, da bestand kein Zweifel, aber aus welchem Grund? Wegen des Mordes, den man gerade beging? Er zumindest mußte ihn stark ahnen, denn es gibt da noch einen wichtigen Fakt, den ich vergessen habe, dir zu erzählen, aber das werde ich am Ende des Briefes tun. Oder weil ein Telefonist es wagte, wie er sagte, ihn nicht zu verbinden? Wenn es wegen des Telefonisten gewesen wäre, hätte er angeordnet, ihn zu bestrafen. Darum schließe ich, daß es wegen des Mordes war, doch warum bestrafte er niemals seine Urheber? Und vor allen Dingen, warum hat er ihn nicht verhindert? Ich verhinderte einen weiteren Anruf des Präsidenten und auch die anderer Beamter innerhalb und außerhalb des Departements. [. . .]

Ich ging dann, weil ich alles bis in die kleinsten Einzelheiten wissen und sehen wollte, zu General Somoza und berichtete ihm, was vorgefallen war. Ich sagte ihm, daß ich darum nicht weiter im Büro bleiben wollte und daß er mich besser an den Ort schicken sollte, wo die Leichen liegen, um das Begräbnis zu beaufsichtigen. General Somoza willigte ein, und ich ging eiligst zu der Stelle, wo sie begraben werden sollten. Ich gestehe dir, daß eine tiefe Bewegung durch meine Seele ging, als ich die toten Generäle liegen sah. Sie lagen im Landefeld. Augusto César Sandino, Umanzor und Estrada lagen etwa drei Meter östlich des Hospiz Zacarías, das leerstand und auf dem Landefeld gelegen war. Sócrates lag mit dem Gesicht nach oben. Nur das Gesicht Sandinos war blutüberströmt. Obwohl es zwei Uhr fünfzehn in der Frühe war (des 22. Februar), waren schon einige Fliegen auf den Leichen. Ich betrachtete die Generäle und dachte bei mir: Sie werden sie einfach so verscharren, ohne Särge. Nicht einmal ein Kreuz mit einem schlecht geschriebenen Namen und dem Datum ihres Todes werden sie auf ihr Grab stellen. Und wieviele Menschen – nicht nur in Mittelamerika, sondern auf dem ganzen Kontinent und vielleicht der ganzen Welt – wollten ein letztes Mal diesen so berühmten Mann betrachten! Morgen werden in Paris, London, New York, in allen großen Städten der Welt und auch in den kleinen Dörfern die berühmten Männer unserer Zeit und all die Namenlosen den Tod dieser Männer erfahren, die ich hier betrachte. [. . .] Der Tod, den man ihnen gab, wird so viel Empörung und Unruhe auf dem Kontinent hervorrufen, wie ihr Leben Bewunderung auslöste.

All diese Überlegungen und tausend andere mehr gingen mir durch den Kopf, aber vor allen Dingen fühlte ich die Stimme meines schuldigen Gewissens. Zur Selbstberuhigung wiederholte ich mir dann und wann den Satz Napoleons: »Die kollektiven Verbrechen haben keinen Schuldigen.« Aber das ist nichts als ein konventioneller Satz, der nicht stimmt. Ich habe meinen Beitrag zum Mord geleistet und bin schuldig wie alle, die das Protokoll unterzeichnet haben. Nur gibt es einen Unterschied: Ich bereute zwei Monate später von Herzen. Ein Beweis dafür ist, daß ich knapp vier Monate nach dem Tod Sandinos verhaftet wurde, weil mein Verschwörungsplan, der unter anderem zum Ziel hatte, den Tod Sandinos zu rächen und sein Andenken zu würdigen, aufgedeckt wurde. Neun Monate später wurde ich erneut verhaftet, da ich eine Rebellion anführte, die auf ihrem Programm noch immer den Punkt Sandino hatte.

Keiner der Körper schien nach Eintritt des Todes geschändet worden zu sein, mit Ausnahme des Generals Augusto César Sandino. Hemd und Unterhemd waren zerrissen, so daß seine Brust vollkommen nackt war, und auch seine Hose, von kaffeebrauner Farbe und Stoff wie Kordsamt, war vorn zerrissen. Der Penis war eingezogen, und an der Spitze war ein Tropfen Samen zu sehen. Die Hoden waren sehr groß oder von einem Schlag angeschwollen. Die anderen drei Leichen waren halbnackt, aber nur der Oberkörper, und zwar waren die Sachen aufgeknöpft und nicht zerrissen wie im Falle General Sandinos. [...] Sie waren nicht auf ihre Geschlechtsteile geschlagen worden.

Hier lagen also die Generäle: Francisco Estrada, aus Managua gebürtig, der Mann, der das vollste Vertrauen Sandinos besaß und der einzige General Sandinos war, von dem nicht ein einziger Akt der Grausamkeit bekannt ist (die, wie es mir scheint, von seiten der anderen Generäle Sandinos immer Vergeltungsakte waren, denn die amerikanischen Offiziere scheuten in Nicaragua vor keiner Grausamkeit, die es in einem Krieg nur geben kann, zurück; einmal werde ich dir einige Einzelheiten erzählen). Estrada hatte General Sandino von A bis Z begleitet. General Juan Pablo Umanzor, mit dem Gesicht eines bissigen Hundes, war der Mutigste unter den Mutigen, vielleicht ein Analphabet, aber als Guerillero ein Gelehrter oder Doktor. Sehr, sehr grausam. Er spielte als einer der ersten mit Würfeln, die aus den Knochen der Kinnladen der amerikanischen Marines, die im Hinterhalt starben, gefertigt waren. General Sócrates Sandino hatte noch wenig in den Bergen gekämpft, doch fehlte es ihm nicht an Verdiensten. Und schließlich Augusto César Sandino mit seinen fünf Fuß und drei Zoll Statur, etwa 130 oder 135 Pfund Gewicht, seinen kleinen und schwarzen stechenden Augen, den kleinen weißen und zarten Füßen, um die ihn ein Hollywoodstar beneidet hätte. Sein Gesicht hatte Falten, die ihn älter erscheinen ließen, als er in Wirklichkeit war. Und jetzt, tot, war das Blut in den Falten geronnen und gab ihnen den Anschein von Wunden. [...]

Als die acht Strafgefangenen die gewaltige Grube fertig ausgeschachtet hatten, rissen sich nicht weniger als sieben Wachsoldaten Fetzen von Sandinos Kleidung ab, um sie als Andenken aufzuheben. Einige wenige hörte ich auch sein Andenken verfluchen. Ich schnitt ihm eine Haarsträhne ab. Die Wache, die mir das Messer dafür geliehen hatte, bat mich auch um eine Strähne, und ich gab sie ihm. Dann machte man sich an das Begräbnis.

General Sandino wurde zuerst hineingeworfen, indem zwei Gefangene ihn an Armen und Beinen nahmen, ihn hin und her schwenkten und dann in die Grube warfen wie einen Sack. Es gab ein dumpfes Geräusch, als er fiel, denn die Grube war sehr tief. [...] Die Stelle selbst, oder besser gesagt, ihr Grab, ist folgendermaßen zu lokalisieren: Man läuft fünfzehn oder achtzehn Schritte von der östlichen Seite des Hospiz' Zacarías Guerra aus immer nach Osten zu und etwa zehn Schritte von der nördlichen Seite immer nach Norden einem Holzhaus zu, das den Yankeetruppen als Quartier diente. Dort liegt Sandino. Über allen liegt ein Junge von etwa zehn Jahren, der im Haus von Sofonías Salvatierra gedient hatte. Zusammen mit diesen Männern, die mit der Waffe in der Hand kämpften, ist also ein kleiner Junge begraben, der sich höchstens wegen Nichtigkeiten mit den Kindern seines Viertels geprügelt hat. Die anderen kämpften für die Freiheit eines Volkes und die Ehre einer Rasse.

Auf dem Grab wachsen jetzt Sträucher und Jalacateblumen. Als der Mond verschwand, warfen sie die letzten Schaufeln Erde in die Grube. Es war der gleiche Mond, der sie unter den Fichten in den unvergleichlichen Segovianer Nächten beschienen hatte.

Amerika für die Amerikaner!

gez. Abelardo Cuadra

(Gefängnis »La XXI«, den 14. November 1935. 11 Uhr nachts. Nicaragua.)

P. S. Mein Bericht krankt, was den Stil betrifft, an vielen Mängeln, denn manchmal spreche ich in der ersten Person, ein andermal

in der zweiten oder gar dritten. Ich habe auch keine strenge Reihen-
folge eingehalten, ich schiebe Abschnitte oder Einzelheiten an Stellen ein, wo ich es nicht hätte tun dürfen. Ich habe noch niemals etwas geschrieben, aber ich versichere dir, daß es mir besser gelungen
wäre, wenn ich unter anderen Umständen hätte schreiben können,
das heißt nicht als ein Sträfling, der wie der berühmteste Verbrecher bewacht wird. Stell dir vor, ich schreibe etwa vier Zeilen und
verstecke meinen Bleistift beim geringsten Geräusch oder werfe das
Kopfkissen über das Papier. Wenn ich eine Seite beendet habe, verstecke ich sie unter einem Ziegelstein und hole sie erst wieder hervor,
wenn ich sie dir schicke. Ich gestehe darum ein, daß er voller Schwä-
chen ist, aber ganz sicher eine Qualität besitzt: DIE WAHRHEIT.
Etwas bedaure ich noch sehr: Ich habe den Tod General Sandinos
sehr schlecht beschrieben. Alles, was ich sage, ist die reine Wahrheit.

63. Der begonnene Kampf . . .

»Ich werde nicht lange leben. Aber meine Männer hier werden den
begonnenen Kampf fortsetzen: Sie werden einmal große Dinge
schaffen können . . .«

(GAB, S. 112, 113)

Über den Autor

Dr. Sergio Ramírez Mercado, geboren 1942 in Masatepe (Nicaragua).
Studierte Jura an der Universität León und war mehrere Jahre lang
Generalsekretär der mittelamerikanischen Rektorenkonferenz. Er lebte
von 1973 bis 1975 als Gast des Künstlerprogramms des Deutschen Aka-
demischen Austauschdienstes in Berlin und übernahm dann in San José
(Costa Rica) die Leitung des Universitätsverlages EDUCA.
Sergio Ramírez ist Mitglied der im Juli 1979 in Nicaragua gebildeten
5köpfigen Regierung des Nationalen Wiederaufbaus.

Werke: *Cuentos* (Erzählungen 1963); *Nuevos Cuentos* (Erzählungen
1969); *Tiempo de fulgor* (Roman 1970, deutscher Titel *Chronik des Spi-
tals Juan de Díos, aufgezeichnet von der Schwester Maria Teresa);*
Tropeles y tropelías (politische Fabeln 1972); *Charles también muere*
(Erzählungen 1973); *Viva Sandino!* (biographische Dokumente 1976);
No te dió medo la sangre? (Roman 1977, deutscher Titel *Die Spur der
Caballeros*).

Peter Hammer Taschenbücher

Ausführliche Informationen erhalten Sie kostenlos bei:

Peter Hammer Verlag · Jugenddienst-Verlag
Postfach 20 04 15, 5600 Wuppertal 2

Ernesto Cardenal

Das Evangelium der Bauern von Solentiname
Gesamtausgabe. 680 Seiten. Leinen. DM 38,80

Orakel über Managua
Drei Gedichte. 88 Seiten. Broschur. DM 12,00

Psalmen
48 Seiten. Großformat. DM 7,80

Ufer zum Frieden
Ein Meditationsbuch mit Fotos von Conrad Contzen.
64 Seiten. Großformat. DM 22,80

Unser Land mit den Menschen die wir lieben
Gedichte. Mit Bildern aus Solentiname und dem neuen Nicaragua.
64 Seiten. Großformat. DM 12,80

Heimweh nach der Zukunft
Bilder und gute Nachrichten aus Solentiname.
72 Seiten. Vierfarbig. DM 12,80

Die Stunde Null
Von der Heiligkeit der Revolution. Gebet für Marilyn Monroe.
Für die Indianer Amerikas. Das Buch von der Liebe.
400 Seiten. Taschenbuch. DM 16,80

Die Bauern von Solentiname
malen das Evangelium
32 Bilder im Großformat, mit Meditationen von Helmut Frenz,
74 Seiten. DM 24,80

Bitte fordern sie unser Gesamtverzeichnis an.

Jugenddienst-Verlag · Peter Hammer Verlag
Postfach 20 04 15 · 5600 Wuppertal 2